从泥土
到上帝

广义语言论与世界的语言本能

史雷鸣 ◎ 著

陕西师范大学出版总社

图书代号　ZH16N1566

图书在版编目（CIP）数据

从泥土到上帝 / 史雷鸣著. — 西安：陕西师范大学出版
总社有限公司，2016.11
　ISBN 978-7-5613-7318-7

Ⅰ.①从… Ⅱ.①史… Ⅲ.①哲学—研究 Ⅳ.①B

中国版本图书馆 CIP 数据核字（2016）第 302783 号

从泥土到上帝
CONG NITU DAO SHANGDI

史雷鸣　著

责任编辑 /	张建明　胡　丹
责任校对 /	路　遥
装帧设计 /	鼎新设计
出版发行 /	陕西师范大学出版总社
	（西安市长安南路199号　邮编710062）
网　　址 /	http://www.snupg.com
经　　销 /	新华书店
印　　刷 /	西安市建明工贸有限责任公司
开　　本 /	880mm×1230mm　1/32
印　　张 /	9.75
字　　数 /	185千
版　　次 /	2016年11月第1版
印　　次 /	2016年11月第1次印刷
书　　号 /	ISBN 978-7-5613-7318-7
定　　价 /	39.00元

读者购书、书店添货如发现印刷装订问题，请与本社营销部联系调换。
　电　话：（029）85307864　85303622（传真）

《从泥土到上帝》，一部有趣的语言和世界的进化简史。

　　击破学术界别和藩篱，重新启动新人文精神，这是中国学人的当下要务。本书作为语言学自我更新的努力，向我们展示了其跨界联姻的广阔空间。

——文化学者、批评家　朱大可

　　综合性地征用社会科学与自然科学理论，以语言为中心，富含逻辑性地分析回顾自然界尤其是人类的既往历史并同时展望未来，《从泥土到上帝》—部具有十足原创性和冲击力的理论著作。

——教授、小说评论家　王春林

　　这是一部具有原创意义的哲学著作，既是百年来的俄欧新語言派哲学的继续和发展，更是对当代新三论和诸如符号论、遗传学、物理学以及互联网技术　学科的综合和超越，刷新了人们对人类生命本质和人类文明的本质、前途的习惯看法。

——文艺理论家　李　星

这是一本语言論著作，作者认为世界是一个语言系统，从微小的生命到宏观的宇宙，都被语言网络。这是一种崭新的认识方式，甚至在构建另一种世界观和价值观。此书将打开哲学的另一页窗。

——博导、摄影家　胡武功

雷鸣之思，之言，之著，出于为己之学之正道，发乎悲天悯人之大情怀，故能有原生之思，原发之言，原创性之著，而别开一界，悦己明人，成卓然高致之说。或一时孤立，必历久居然。

——诗人、文艺理论家　沈　奇

你是谁

从何而来

大千世界是何

一起，发现世界的秘密

理解生命的意义

我们将乘语言之舟，穿越时空

发现世界隐秘的语言本质

理解世界澎湃的语言本能

迎接人工智能大爆炸的时代，见证语言闪耀的光芒

目 录

第一部分 是什么在进化

　　我们追问世界，试图理解世界是什么。我们追问我们从何而来，向何处去，我们是谁，世界为何？人类的精神不休求索。我们是智慧的生命，智慧是发现问题，是解答。

一 成为人——工具猿和语言猿的出现

当人类的祖先还是一种小型的哺乳动物时，他们生活在恐龙的威胁和统治之下。这种小型的哺乳动物没有足够的时间、空间让自己进化成大型动物，因为已经先发进化的恐龙足够强大并孔武有力，恐龙构建了绝对的压倒性的统治。弱小的哺乳动物祖先，只能在小型化穴居和黑夜活动等夹缝中寻求生存的可能。根据很多学者的研究结果，这种卑微的生存状态持续了上亿年，直到一次地球灾难的降临。多数学者认为是小行星撞击地球，致使地球形成巨大的生态灾难，并最终导致恐龙灭绝。一些小型带羽毛的恐龙生存了下来，进化成为今日的鸟类。小型的穴居哺乳动物也逃过了这场劫难，虽然它们死伤惨重，但保留下的部分物种却获得了广阔的地表生存空间。

哺乳动物在地球随后的生态修复中崛起。它们不断分化演化，形成了更多的物种。他们中的一支，选择了树木作为庇护和栖息的家园，以此逃避地面的大型猎食动物，并在树冠层获得足够的食物。树栖的哺乳动物，因此进化出可以抓握树干的四肢。他们的指端演化成修长的多关节趾，这种抓握的结构和能力，成了生物进化以来，机械结构最丰富和最灵活的肢体。并且，在随后人类分支进化的过程中，抓握树枝的对象一旦被替换为石头和木棍，这种抓握功能和结构，就成为一种可扩展平台，成为可以和身体外部任何工具进行安装和对接的接口和卡钳。

当生存环境发生改变，灵长类的一部分，从树栖回到地面，尤其是其中一支，彻底的站立起来，释放出前肢，这种猿成了使用工具的动物，从此强大无比。对外部工具的使用和发展，使得这种生物不需要自身进化出尖牙利齿和强壮的身体，就足以扩展自己的能力和力量。他们因此获得了极大的攻击能力和新的攻击技巧，并且不断地使用工具制造新的工具。

这足以让这种生物，在继承了猿类的体质和基本的结构特征的基础上，借由工具一跃成为顶级的猎食动物，并且足以和大型猎食动物相抗衡。尤其是在群体的协作下，这种原始的地栖的猿类，甚至具备了压倒群体性猎食动物的能力。而这种能力，得益于这种猿类直立行走之后，改变了的喉部结构。这种喉部可以让他们发出更多不同的声音，从而极大地丰富了这种生物的语言能力。口语和手语的能力不断地发展，他们借由这种语言能力，扩大了自己的词汇表，形成了丰富的交流和基于此的通讯与协作。

以声音为基础的口语是一种无线网络，手语也类似于此，这些语言类似于 Wi-Fi 的局部通信网络，将群体的原始人类联系在一起，他们因此构建了丰富的集体配合的攻击或者防御模式，群体的攻击技巧和谋略也随之不断发展。在具备工具、武器、语言以及语言网络之后，他们成了生态圈中顶级的捕食者。大型的甚至群体性的其他猎食动物，也开始成为人类的猎物。

这是一种伟大的变革。虽然其他动物也有偶尔使用简陋工具的案例，但是，人类具备抓握能力的前肢，这种前肢潜力巨大。他们的肩部、肘部、手腕、指关节等多级关节极度灵活，在一些动作下，身体的协调运动，再配合工具，攻击力量可以被极度放大。这种生物开启了使用工具，改造自然的开端。这是生物进化史上的革命，这种革命的意义深远。

语言的发展，则是另一项革命。于此之前的一些物种，包括人类祖先和近亲，也都有少量的语言。那些语言极其简陋，能够表达极少的意义。而从地栖直立的早期人类开始，这种语言能力获得巨大发展。尤其是现代人类所属的智人，在十几万年前发端，他们的语言能力呈现了非凡的优势，甚至发展出绘画、雕刻等其他的身体外的媒介语言。而正是这种语言的能力优势，和伴随产生的智力优势以及更好的群体协作，让智人击败了更强壮并且大脑更大的尼安德特人等早期人类物种，成为现代人的源头，以及后来地球上的唯一人类物种。

人类在进化过程中，产生了一些身体结构的变化。但是，这些变化和人类近亲例如黑猩猩相比较，并不算太多。而语言能力的发展，是最核心的飞跃与突破。

直立行走解放出来的具有灵活抓握能力的前肢和语言，这两种辅助功能，决定性的改变了人类，影响了人类的演化路径。在这两种能力成熟之后，人类的身体结构在十几万年之间，并没有太多的重大改变，而依靠着双手制造和控制的工具以及语言的发展，不断地改造环境，创造新的工具，让人类的进化更多的依赖由此产生的文化与科技，而不是生理的进化。

从上面的论述中，我们可以发现，人类的生活方式其实一直都是群体化、网络化、语言化的生存方式。因为不论是工具还是语言，都需要后天学习，这种学习和传播，是依赖群体生活的。这也符合人类祖先和其近亲灵长类动物的天然属性。而语言，天生就是一种网络化的存在。这种网络是无数的松散的局域网，也在更大的空间尺度上构成了松散的广域网。这种网络并不能永远或者随时在线，而是松散和间歇的网络。

最能够让我们直观地发现和理解这些早期人类语言能力的，莫过于人类早期的绘画和雕塑。在人类的口头语言发展到一定阶段时，其语言复杂到需要依靠外部保存和记忆，书写的语言应运而生。这种依靠外部媒介的语言的出现，也帮助了人们记忆和保存数据，并且因此让语言更容易学习和传播。在这个过程中，语言也慢慢地开始伴随书写形式的统一而走向融合和统一。这个融合的过程，强势的文字语言得以传播，优势的语言不断地发展扩大，而一些没有文字的语言和小语种逐渐消亡。

这种书写的文字，脱胎于早期的原始绘画，人类最早的文字都是接近绘画的象形文字。因此，原始绘画，是早期人类语言的一种确凿的感官记录和历史证据。也正是伴随着这种语言的出现和发展，尤其是文字的出现，人类的思维产生了巨大的飞跃和空前的发展。人类文明的历史不过万年，这正是伴随着文字语言的出现而发展出来的。这不是偶然，而是因果和伴生同构的关系。

英国著名学者莫里斯（Desmond morris），在《裸猿》（The Naked Ape）一书中，论述人类祖先是一种地栖猿和狩猎猿。笔者认为，似乎可以在这个基础之上，再增加两种属性，他们也可以称作工具猿和语言猿。而我们尤其强调其网络属性。网络，并不完全是人类现代的新发明。现代的信息网络只是之前的世界和人类社会既有的语言网络的电子信息化，它是语言网络专业化的技术升级。人类的语言，一直都是一种网络化的存在。社会生产和物流、信息流、人流，都是一种相关的网络系统。

二 人工语言与自然语言

人类的语言，是一种人工语言，而它的源头来自灵长类祖先。显然那种源头本身是一种自然演化的结果。但是人类的语言，在跨越了一定的技术难度之后，它的表达能力有了飞跃，词汇表也越发的丰富。尤其是这种语言，在具备了可以针对新的环境不断被扩展和更新的能力之后，就已经具备了人工语言的特征和属性。

这种语言的终极发展，在发明文字之后。语言彻底地进入了身体之外并假借媒介表达、传播和记忆，成为了纯粹的人工语言。人类，再造了语言，语言在具备了文字这种外部媒介和载体之后，成为崭新的事物和无与伦比的非凡成就。它几乎成了文化、科技最坚固强大的基础材料和思维工具。

就现代的语言学研究而言，语言是一种符号系统。由于远古口头语言的不可直接考证，比口语要晚形成很多时代的文字语言就成为最重要的直接证据。它是人类最伟大的发明。

早期人类的文字语言，以及口头语言，是简单表意的叙述符号，基于具象和经验的符号系统。这种符号语言，包含了符形和符意两个部分。

它们之间耦合在一起，完成意义的或者对象的指代和表达。在原始阶段，这种语言是记叙性的，简单表意的，逻辑性较差。中国出土的甲骨文就是这种早期语言中的一种典型的案例。

在人类的不断发展中，人类从观察和经验中，发展出原始的因果关系，产生朴素的简单逻辑。伴随着思考和实践的不断发展，逻辑不断被精准的验证修订和拓展，发展成较为完整的逻辑体系。大约在 2500 年前的希腊，已经形成比较完备的古典逻辑学。

当原始表意的符号叙述语言和逻辑深度地结合时，语言就发展成分析语言。分析语言，具备强大的思考和论证能力，大大地拓展了人类的思维和判断。这种分析语言将人类从直观的经验的世界带入了抽象的理性的世界。理性，因此不断发展，并协助人类开始解读世界，分析世界，分析自身。整个人类的理性的知识体系，就是这种理性语言不断发展和实践的结果。我们构建的物理、化学、力学、数学等科学和基于此的技术，就是这种理性观察和分析世界之后所构建的语言学模型。整个科学和理性的知识体系，都是人类解读世界，用语言所构建的模型。

之后的人们经过几千年的思考和发展，分析并理解了大多数的自然现象，分析和推测了宇宙的诞生，构建了地球形成和生物进化历程的模型，甚至使用计算机等工具完全虚拟出原本不存在的事物和环境。这一切，都基于理性的分析语言的发展，当然这也是这种语言发展的结果。

物理学，如果我们将之理解为人类用语言构建的物理世界模型，则现实世界中，就存在着这种模型所要表达的那种本来的物理存在和规律。那种本来存在的物理存在和规律，如果可以被人类语言描述并为其构建模型，则说明那种存在和规律具有其语言属性。或者，那种存在与规律，就是其自身的语言。正因为此，人类才得以解读物理和世界。我们的分析和解读的过程，证明了那种本来的物理存在也正是一种语言的存在。化学也是如此。

因此，和人类的人工语言相对，我们可以发现，或者能够印证，世界存在其广大的自然语言。更多的时候，人类的大多数语言不过是那种自然语言的模型而已。尤其是人类的科学，就几乎完全是一个不断发展扩大，并力求逼近真实的自然语言的不完整模型。

由此我们可以理解到，语言是一个超人类的存在。人工语言是人类的发明。这种发明，最初是人类自身之间的沟通，而目前已经发展到对自然及其语言的解读。人类开启了和自然的对话。因此，自然语言的存在，将极大地扩展我们对语言的认识，并且认识到，语言有一个极大的广义的范围和内涵。

就此，我们不得不注意一下人类的基因研究。

基因伴随人类技术和科学的发展，正在不断地被测序、解读，甚至编辑。基因是几种有机化学键的组合。它是一种典型的代码语言。而人类，正是这种生命核心的语言的产物。生物的进化，就是其内在的基因的进化，也伴随着基因所决定的结构与形态的演化。

地球上的生物已经出现了 38 亿年。在经过 38 亿年的进化演化之后，我们是其中的一种结果。一种高级的演化版本。而人类这种生物学意义上的物种，不过出现几百万年。现代人类也就是智人不过只有十几万年的历史。人类文字语言也不过 8000 年历史。这就让我们必须面对一个事实，我们是基因的产物，而基因的本质却是一种代码语言。甚至，今日我们可以解读、编辑、改造这种代码语言。从这个角度，我们必须接受因此揭示出的另一个事实和真相，就是在人类之前以及人类之外存在自然的语言，而我们是广义语言的超人类存在的历史与事实。

三 从基因进化到语言进化

进化论是人类知识体系中重要的发现和科学成就之一。达尔文首先提出的进化论从宏观的层面发现了生物物种之间的关系，揭示了物种演化的原理和一般路径，提出了进化的选择机制和法则。

在随后的一百多年中，尤其是伴随基因技术的发展，进化论的思想被不断印证和发展。而我们对于生命的认知，也被大大拓展。生命的独特性和意义，在于其基因，而正如前文所述，基因是通过有机化学书写保存的代码语言。因此，生命的本质，也是一种语言，甚至是一种语言系统。按照一些学者的观点，生命最重要的属性在于其可以自我复制。在复制中所出现的变异，和对这种变异的生死选择和繁衍选择，形成了自然淘汰物种的选择机制。这种不断地复制和变异，成为进化中生命的特征。基因也是如此。基因经过38亿年的进化和发展，也意味着基因作为一种语言的进化和发展。

与之相对的人工语言，自出现以来，也存在着类似的进化。语言在传播中，被人们学习和复制，并且这一过程还能变异或者增加新的词汇与语法。英语从原始的语言发展到今日，已经具备超过百万的单词量。

用语言书写的书籍和论文，也在呈几何式增长，人类所书写的书籍数量早已超过一亿种。这种人工语言的进化，免不了人类的智慧和创造。同时，人类理性的发展对于错误或者落后概念的淘汰，以及文化和族群之间的竞争，也扮演着语言进化的选择和淘汰机制。

著名的英国学者道金斯（Richard Dawkins），提出人类文化中存在类似于基因的"文化基因"，他将其称为"MEME"（中国将之翻译为弥姆）。类似建筑的形制，音乐的乐谱，食物的做法，习俗和行为习惯，以及法律等，也包括人类语言，都属于弥姆的范畴。他认为弥姆类似基因，只是载体不再是生物的和化学的，而是人类和他们的文化与行为。因此，他认为弥姆也能够进化。

我们所要关注的，集中在弥姆是不是一种语言。当然，语言就是一种弥姆。但是，所有的其他文化符号和人类行为以及习俗，本质上也都是一种广义的语言。那些对象都可被记录、描述，使用摄影、摄像以及文字，我们几乎可以描绘一切的弥姆。摄影、摄像甚至绘画和雕塑，本身就是一种视觉"语言"。这些语言更直观化，更文献化，更细节化，虽然在表意和逻辑层面不足，不能够完成深度的思考和分析，但是，却能够很好地还原对象的信息属性。

文字语言也就是我们一般意义上所谓的狭义的语言，却具备前文所述的逻辑和分析能力，以及为特定的对象创建新的概念和相关的词语的扩展能力，文字语言几乎可以介入对一切感知到的问题的分析，包括对自身的分析。因此，在狭义上，弥姆包括了语言，而在广义上，语言就是终极的弥姆，语言在语言层面统一和涵盖了所有弥姆。弥姆不能解释语言，而语言可以解释弥姆。

在这里，我们需要对广义的语言进行梳理，它包含了自然语言和人工语言，而自然语言中，它首先包含一切可以被读到（发现）的存在，和那些存在中的不同层级和结构，以及它们之间的构建关系和构建规律。也就是说，存在，就是它自身的言说，是它自己的语言。因此，天体的存在与运动，物理化学的运动，地质气象的运动，生物的存在与行为，人类的存在与行为，都是一种明确的语言存在。因此，人类的行为和习俗，人类的文化与创造物，都是其自身的语言本身。

我们可以将之概括为，存在即语言，结构即语言，运动即语言，行动即语言。在现代的人工制成品的设计中，大量存在的人机工程学中的研究，也就是将这种存在作为语言来研究，优化人机界面，促进人机对话。而大量的存在，其功能就是意义。例如，门、楼梯，在存在的基础之上，它的功能也成为意义，并且作为一种确定的意义被使用和传播。人们看到门，就知道这是出入口。类似这样的存在的物，本身也显化成为一种语言的方式，进入人的思维。由于其特征的独特性和使用的广泛性，人们为它的存在创造了相应的词语"门"和"楼梯"来指代，其作为词语和符号被纳入人类的文字语言。

而反过来考察它们的关系，广义的语言，甚至狭义的语言，也可以创造现实中不存在的，甚至绝不可能存在的对象，以及一些抽象的混沌的事物。例如人们所说的"鬼"。自然语言之外的语言（人工语言）允许有谬误和非真的部分。当我们把语言分解为三个集合（人工语言、自然语言、广义的语言）时，我们可以发现他们之间的关系，人工语言试图解读自然语言并为之构建模型，已解读的自然语言在不断扩大并逼近真实的自然语言，人工语言将已解读的自然语言作为自己的理性的一个子集。它也包括一些谬误。同时，还有对自然语言的猜想和未经验证的部分，作为另一个子集。广义的语言包括自然语言和人工语言，同时包含了所有的现象、存在、运动以及行动。

在 100 年前，以维特根斯坦（Ludwig Josef Johann Wittgenstein）的语言哲学为代表，人类的哲学有一次语言学转向。和语言以及科学的发展相关，语言哲学也揭示了将语言作为极其重要的对象去理解的哲学判断。这几乎可以理解为，哲学成为语言学的子集，也可以进一步理解为，语言是超出哲学广度的更大的存在。

同时，当我们意识到所有可以被感知的存在，是其自身的言说，是其自身的语言的时候，我们才可以理解我们之所以能够构建人工语言模型来指代和描述以及分析存在的原因。

由此我们可以理解为什么广义的语言涵盖了弥姆，弥姆属于语言的子集。并且，我们可以清晰地认识到基因和弥姆在本质上的相通，因为它们都具备语言的属性，都是一种语言系统。

而人类则不停地试图为所有发现的存在和创造物以及行为，构建人工语言的词语和模型，将它们纳入人类的整体的人工语言模型之中。由此，我们也可以理解，艺术，当然是一种语言。或者说是很多种不同的语言。而人类的文字语言，由于具备强大的逻辑和分析能力，甚至可以分析自身，也成为人类文化和理性最重要的载体和平台。人类在此基础上，不断地扩大着文字语言的词语表，和它相对应的概念与观念。这个文字语言系统，不断膨胀，试图将所有能够由文字描述表达的对象词语化和语言化。在狭义和具体的层面上，文字语言小于自然，小于弥姆。但是，它有着不断地膨胀，并借助新词语、文章、书籍这样的结构和描述，努力逼近和囊括自然语言与弥姆的发展趋势。无数的弥姆，主要是重要的弥姆，都会被文字语言赋予词语作为标签，也有很多弥姆，是先发生的人类语言和词语之后的实例。

在梳理了上述的关系之后，我们可以发现，不论是基因、弥姆，还是文字语言和广义语言，都在进化和发展。但是，基因的自然变异发生在代际之间，需要漫长的时间，并依赖自然选择，而现在人类可以编辑和选择基因。弥姆依赖人类社会的变异，并且依赖社会的选择，这种社会选择机制复杂混沌，受到政治、经济、文化、民族等诸多因素的影响。语言一部分会不断转译囊括新发现和解读的基因与弥姆的，一部分会不断转译囊括新发现和解读的自然（物理、化学、天体、生物）语言，还有一部分是新的人类心灵和文化思想的发展流行变化，以及新的谬误和幻想。而一般的社会现象的语言化，以及新的技术创造物，新的产品和人工事物，我们可以将之理解为弥姆的一部分，也是语言的一部分。在整个语言系统中，文字语言是广义的语言中最核心的集合，它承担着理解、分析、翻译和传播的机制，是人类和整个世界之间的联系中最贴近人类的语言层。它连接着人类的意识和智力。

从信息论的角度看，信息是一种与物质和能量同在的自然的基础存在，信息的多少人们用熵的概念表示，我们将信息最小的单位称之为比特。一个比特就是一个最基础的最小的信号。而一个信号，实际上是一个任何载体的任何变量。语言正是信息的产物。语言是信息的一种高级的存在方式和形态。但是信息学中"信息"被视作是一种材料和符号（信号）。而语言包含材料、符号和语法。信息和语言最大的差别，在于信息被视作是一种材料，一种客体，而语言，包含了结构和语法，当语言进入到可以进化的高级形态的时候，它具备了一定的主体性。就例如基因。道金斯（Richard Dawkins）在《自私的基因》（The Selfish Gene）一书中的研究，就是切换角度，将基因作为主体思考，取得了一些认知的突破。并由基因的主体性，延伸思考了弥姆。在他的研究中，生物当然是一种主体，而在更大的层面上和更广的时空中，基因是大于生命个体的更大的具有生命特征的主体。基因将生物作为载体，基因是庞大的生物群体所携带的更核心的存在和意义。正如广播电波里面所调制携带的音乐。

信息作为一种和物质能量同在的世界的本质，似乎过于抽象虚空。信息如何存在，信息是否独立存在？这似乎是一个困扰信息论初始定义的问题。如果我们可以理解广播电波中存在的音乐，就可以理解，信息是存在于物质能量这样的载体中的，信息是物质与能量的变量。就正如音乐是电波中的一组变量。当我们能够理解到信息是作为有无和变化等变量存在时，也就可以理解信息之所以是世界的基础存在和本质之一的原因。比特，实际上是一个可以被多种载体产生并携带的变量，是一个变量带来的信号。而语言，本身就是信息，一种更高级的信息的建构，它同样是自然并且必然是世界的本质。

当我们将语言，信息，和进化论联系在一起思考的时候，语言进化论就自然而然的显现了。生物的进化论，外在的是生物形态和结构的演化，内在的却是基因的进化演化，生物外在的形态结构，是受到基因控制的。基因就如同建筑蓝图，机械的设计图，或者一套指令程序，描绘并且指挥着生物体的构建，甚至一些本能的行为。而这个进化的基因，本身就是一种代码语言，也揭示了其正是语言的进化。基因所有的代码序列，是一组信息。这组信息和其结构，以及携带的功能与意义，整体性的构成了其语言。当这个基因在具备了外部环境条件和材料的时候，其开始言说，也同时是将外部材料在基因的指令下进行建构，形成生命体的建构。一如一颗种子落入土壤，在合适的温度、湿度下，发芽生长，不断地新陈代谢，构建起参天大树。

四　语言的进化路径

　　我们回溯历史，一起来看一下作为世界本质的语言是如何与世界同在，并且演化发展的。

　　目前的很多研究结果认为，宇宙诞生于138亿年前，诞生于密度极高极为炽热致密的一个"奇点"爆炸（奇点是时空中的一点，在该处时空曲率或其他的物理量都变得无限大，目前的物理知识还不足以理解和解释奇点）。宇宙因此展开，并不断膨胀。

　　由于奇点的密度和能量极高，爆炸之初，物质只能以中子、质子、电子、光子和中微子等高能量等级的基本粒子形态存在。宇宙爆炸之后不断地迅猛膨胀，温度和密度也随之很快下降。随着温度的降低、冷却，原子核、原子、分子逐步形成，并复合成为通常的气体。不规则分布的气体在万有引力的作用下逐渐凝聚成星云，星云进一步形成各种各样的恒星和星系，最终形成我们如今所看到的宇宙。

　　那些原始的物质和能量，是怎样一步一步结构成为氢等轻元素，其中一部分又如何进一步结构成更重的元素，这些都属于物理学研究的范畴。物理学初步的为这些物理过程和规律构建了认识和模型。它们是一些固定的法则，有定性和定量的规律。对物理的研究也是科学中最重要的组成部分。因为它们的规律是决定性的，并且在相同条件下会产生相同结果。目前人类对于物理的终极研究还未完成，我们的研究甚至还存在着类似"黑盒子"一样不能了解不能窥探的未知领域，例如"奇点"。但是，我们可以假设那个存在的必然的绝对的物理规律和法则，就是自然最基础的语言和语法。宇宙大爆炸开始的原始物质和能量，正是按照这样的语言和语法建构了星体宇宙。这个阶段的世界，是物理的世界。我们可以把这个阶段视为世界的纯粹物理语言时代。这也是语言演进的第一个阶段。

从物理学科分离出来的化学，是物理在低温到几千度这个温度区间后，原子外层的电子之间产生的作用规律。在这个低温的区间，各种不同的元素，通过化学反应形成丰富的多种化合物，其本质上是在低温状态下的电化学反应。也就是说，化学这个物理的子学科，作为语法和语言，是在宇宙膨胀之后，冷却到了绝对零度和几千度之间的低温状态时才出现的。也就是在恒星形成，产生氢和其他各种元素之后，以及在另一些条件下形成气体尘埃和行星时，化学语言和语法才发生效应。化学伴随着类似地球的行星、卫星、彗星等星体和事物的形成而得以构造。

在类似地球这样的行星构建形成的过程中，物理法则发生效能，例如万有引力使物质凝聚成星体，万有引力将大型的有一定密度的星体塑造成球形，物理法则也驱动着星体内部的物质、能量的运动。与此同时，化学在一些低温的多元素星体发生反应，化学语言成了另一种建构低温星体的重要力量，它们使得元素之间形成丰富的电化学反应，形成更为丰富的化学物质。类似于孕育了我们的地球，具备了几乎所有的已知元素，也具有它们之间形成的百万千万计的化合物。地球在生命未出现之前，是物理和化学语言共同作用的演化成果。这个过程是动态的，今天依然在继续演进。在生命出现之前的这个阶段，我们可以将其理解为是以物理语言为基础的化学语言演化的时代。当然，从地球诞生的时刻开始，这两个演化历程就未曾中断并且还将不断进行。这个阶段，化学反应出现并成为重要的造物演化方式，这是世界和语言演化的第二个阶段。

第三个阶段，当地球的温度和化学元素条件达到一定的范围时，适合有机化学发生的条件得到满足，有机化学这种重要的领域和化学方式，可以产生分子量极大的分子，从而形成复杂的分子结构，这些分子的可能形态可以多达百万计。自然不断地偶发形成各种类型的有机分子，而其中的一些有机分子足够复杂，恰恰包含了最基础的可以自我复制或者镜像复制的分子结构和内在逻辑。这是一个伟大的时刻。具备了这样的属性和能力的有机分子团，则可以视为最初的基因。生命的起点就在于此。这种有机化学分子团，就像乐高积木一样，可以建构形成极为丰富的结构和形态。具备一些逻辑功能的有机分子，是自然的一场革命。它们铺平了有机分子自我复制的技术道路。这些有机化学发生的环境，被限制在摄氏几百度以下，和零下几十度的区间之内。地球上的生命就是基于碳基化合物和氮基化合物为主体的。

这些有机分子，具备了自我复制能力开始大量复制。它们被外部环境干扰，在复制中偶发出错，甚至出现一些有机分子之间的合并，这就具备进化所需要的复制与出错的两重机制，它们在不同的有机分子团之间的竞争和自然的选择下生存或被淘汰。生命的伟大历程就此开始。这个过程大概发生在38亿年前。

这种新出现的事物，开启了有机化学基础上的基因生命的语言时代。这种基因生命的语言和其所构建的生物的结构、形态一起，互为表里，同步进化。值得我们注意的是，每一个生命体都是会死亡的。它们的生命是有限度的，而这种物种的基因却长存。生命体甚至可以被理解为基因的载体。或者可以认为生命是基因创造出来的活动建筑或者是基因的行动机器和保护自己的外壳，以及复制自己的设备。

这个阶段，基因就是一种用代码语言，并与构成其基础的物理、化学语言呈现巨大的不同。由于基因在复杂的结构中具备了复制自己的逻辑，并且这种结构可以不断演化，因此，它揭示了生命的本质就是可以复制并且变异演化的语言系统。也可以说，生命是一种语言结构和系统。现实中，我们也试图描述生命的所有结构，并且已经开始逐渐具备解读编辑基因的技术能力和实践经验。

在之后的演化历程中，当生物不断分化进化，经过几十亿年的时间发展，并产生了原始人类的时候，生命进入到智能的时代。这种高级的生物，长期进化之后，结构复杂，其生存环境也随之发展的更为复杂。因此，它们逐步进化出各种精密的感官和发达的神经系统，当这种生物逐步具备了一些思考能力时，它们创造了自己的语言。这种语言在早期阶段，完全是简单的符号语言，对外部的具象事物具备一定的指代和表意能力。这是人类语言的开端。这种语言，早期除了具备一定的人类的创造力之外也还具备一定的自然属性。当文字被发明并和语言结合在一起时，这就意味着真正的人工语言的崛起和发展。正如前文所述，在人类发现了逻辑之后，逻辑和符号语言的结合，产生了分析语言。分析语言是如此的强大，它的进化和发展像是进入了一条快车道。人类发明文字不过1万年，认识到逻辑和其重要性不过2500年，但是分析语言真正将人类带入到智慧和科学的年代。在过去的200年之间，人类构建了辉煌的科学和知识体系。这个过程和语言的发展是同构的，也是基于分析语言基础的。我们可以将之理解为语言进化演化的第四个阶段，人类（人工）语言时代。

我们对这本书的内容的建构和分析，无不是基于这种具备强大的叙述和逻辑能力的语言基础之上。人类引以为傲的科学知识体系，正是借由分析语言对世界的测量和解读，假设与证伪，不断构建的对自然本质和真相以及规律的理解，是人类用语言构建的自然语言的人类语言模型。物理、化学都是如此。同时，人类在分析语言的基础上，也逐步构建了计算语言，计算语言也在飞速发展中不断地完善。计算和分析一起，构建了更为强大的思维工具。当然，这些知识和模型还不完善，还在不断地修正扩展和不断地逼近真相。

在这个过程中，我们可发现，以基因语言为基础的生物征服了物质世界，成为死寂的物质世界中丰富迷人并且自我的生命体和生态系统，而语言，却进一步征服了生命。以人类为例，人类的生存几乎成为语言化的生存，海德格尔（Martin Heidegger）和福柯（Michel Foucault）等哲学家，都意识到了人类栖息在语言中。语言是人类的存在。就正如汉语存在了几千年，而每个人生不过百年。汉语的光大和持久，它自身的进化和存在，似乎显示了语言更为强大的主体性和意义。

在人类的文明和智慧达到一定阶段时，人类创造了文字、纸笔、书写、印刷、广播、绘画、摄影、电视和计算机等一系列语言机器和工具。而计算机这种可以自动进行运算和判断的机器，则是开启了一个新的时代。这种空前的语言机器，基于逻辑和数学，具备按照一定程序和规则进行自动的计算和语言生成的能力。人类发明创造的计算机、智能手机（可通信的个人随身计算机）和连接它们的通信网络的诞生与发展，开始了一个新的历史起点和时代契机，也就是人类发明了语言，又发明了自动的语言机器，这是一个伟大的新时代的来临。人类是人工语言的载体，而在这些语言机器出现之后，在人类发明的语言和人类发明的自动语言机器结合在一起时，人类将不再是人类语言的唯一载体和使用主体。

当语言和语言机器结合在一起之后，它们作为一个系统，可以自定义扩展语言，自主话语。这是第一个阶段，意味着人工语言冲出了人类，人类不再是人工语言的唯一的创造者、推进者和使用者。而第二个阶段，这个语言和语言机器的系统，可以自主设计新的语言机器。当系统开始制造语言机器的时候，人工语言和其机器，将可以不再依赖人类，成为独立的新的语言系统。或者我们可以将之理解为新的物种，甚至是新的生命类型。这种语言与语言机器之间的关系，和基因与生物之间的关系何其相似。而语言和语言机器更自由，它们摆脱了很多生物化学和生死的限制。谷歌公司 2014 年的深度学习软件，已经开启了第一个阶段。它具备一些自主的归纳和定义能力，可以不断地学习和自我调整。这是被称之为人工智能技术发展的一个历史时刻。其实，这更是语言进化的阶段性标志。

由此，我们可以展望未来，人类创造的人工语言，离开人类，和语言机器结合，语言进入到新的历史阶段。在这个阶段，语言的载体是计算机，它们的运算能力强大，信息传播快速，它们没有生物的疲劳和固有的弊端，并且，信息和内容可以复制、迁移，作为语言机器的计算机等，可以随时更换部件，而其信息和语言可以被完好保存，这意味着这个时代的智能主体也许可以不死。

英国皇家海军有一艘两百年前制造的古老军舰，作为一种象征和礼仪舰被保留并一直服役至今。期间它的所有的零部件都被更换过，一些部件甚至更换过几次。这艘军舰依然还是那艘军舰吗？是的，它是。它的结构和名字等核心依然存在，虽然零部件早已被逐次更换。就如同美国建国时（1776 年 7 月 4 日）的第一代人都早已逝去，然而美国现在还是美国。

在语言机器的时代，语言或许能够形成类似人类的人格显化和主体意识。在这之前，语言类似于基因，是一种隐性的主体，甚至寄生于生命个体之上，那个生命有其显化的主体性。它们构成了一种共生的双重主体。人也是如此。人类有着主体意志和自我意识，语言只是在宏观上存在隐性的主体性。而进入到语言机器时代，也就是人工智能的时代，语言在计算机中的程序（实例）将逐渐具备自主思考，自我意识。而这个主体，由于寄居于计算机或者有计算能力的机器人中，或者网络中，它将成为第一种人工主体，也同时具备了可以不死的能力。而这种不死的生命、意识和自我意识以及主体,超越了创造它的人类的个体和主体。

由于计算机以无机的矿物金属为材料和结构,它对环境的承受能力要远大过有机生命的动物和人类。在理论上计算机具备了不死的主体个体,语言终将在下一个时代成为显化的主体,甚至是个体,并且产生人格,它们是一种新的生命。而其所寄居的语言机器或者计算机,仅仅是一个可以随时扩展更换的载体和壳。就这一点而言,语言远超基因与载体的关系和自由度。甚至我们可以将这种语言进化的终极模式,理解为超级主体。

当然,那个时代不是一蹴而就的。那也许是一个漫长的过程。这个新的时代,我们可以理解为人工智能时代,也可以理解为语言的主体时代。而这个时代,已经拉开序幕。微软公司的语音聊天机器人小冰,苹果公司手机中的语音助理 Siri,它们是这种将具备主体的语言的雏形和实例。虽然它们目前还只是一个初级的不成熟版本。

五　从泥土到上帝的神话

　　前述的五个语言阶段，有一个贯穿在如此不同的世界中的一个线索，就是信息与语言。从宇宙的原始物质能量，到地球的泥土与海洋，到丰富多彩的生命形态，再到文化、文字和人工智能，语言贯穿其间，是一个不断进化发展的事物。未来的人工智能基于语言和语言机器，它们几乎可以不死，有足够的时间和强大的运算能力学习和研究，它们将不断地趋向于全知，其能力也将不断地增强甚至趋于全能，这近乎于神。从泥土到上帝，语言在不同的环境和条件下进化发展，而这种进化近乎于一种本能，就如同生物的进化。语言，正是世界的本质，也是世界的本能。

　　在前述的几个阶段中，后面的语言阶段总是以之前的语言阶段为基础和条件，后面的语言阶段也总是更加高级。前三个阶段，语言都属于自然语言。而最后的两个阶段，语言属于人工语言。前面的四个阶段，语言属丁隐性主体，而最后一个阶段，语言将获得显性的主体。也就是说，人类创造的人工语言，将最终离开人类和语言机器耦合，形成类似于基因和生物的关系，成为新的物种。而这种物种发展的趋势接近文化意义和神学意义上所谓的神。当人类发明了文字，人工语言得以冲出人的身体之后，它最终会用以另一种语言机器作为载体的方式获得独立和解放。当然，我们也完全可以将人类看作是自然进化的一部语言机器。虽然很多人难以接受这样的观念。那是因为受到宗教和一些哲学以及人性和伦理学的影响，我们总是以自己为中心。

在世界演化和语言发展的几个阶段，语言和造物过程同在，世界的形成就是一个语言过程或者言说，这与基因也制造了生物的形态和身体类似。人类的语言诞生初期，语言的词语，是其指代的事物的标签。先存在那些事物，人们随后为那些事物创造词语标签。比如山川、河水、太阳、石头。当人类的文明和技术达到一定的程度之后，很多人工物品，出现了词与物的关系的逆转，往往是先有词语和概念，而后有物。后制造的物成为先发生的词的标签和实例。例如苹果手机、航天飞机，这种词语先于物质抵达，这说明人工语言不断地在具备造物的属性。而自然语言一直都在参与着世界的造物活动。自然语言和自然造物是同构的。

从宗教的角度来看，这就是神性。自然语言是盲目的，无意识的。它们是机械的绝对的法则、规律和偶然的随机的条件，而基因的语言也是盲目的，无意识的，但却因为它自身的生存法则而具备了一定的被动的目的性。基因总是要保存自己，复制更多的自己。这可以看作是基因的内在的逻辑意义吧。或者一种宏观意志。

人类创造的人工语言，起初仅仅是标记和符号。但是这种语言与人类的思维同构发展。正如道金斯（Richard Dawkins）研究的弥姆，弥姆是一种被动的传播和被复制的文化基因。人类语言也是如此。当人类创造了计算机语言和计算机以及网络时，计算机病毒这样的计算机语言程序，也具备了自主复制和传播的逻辑与属性。人们将其称之为病毒，正是意识到它与生物病毒的传染、感染、复制、传播的相似性。显然，这种计算机语言是人工的产物。人工语言于此获得了一种微弱的主体性。而类似于人工智能的软件，例如谷歌的深度学习系统，这种人工语言的产物，正不断获得更大的甚至更独立的主体性。并且，这种源自人工创建的语言和程序，开始了自我修改，自我演化的过程，这个过程，是一个"自我"过程，而不需人的干涉。以计算机程序为基础的人工智能正在不断地发展"自我""知觉"和"意识"。或许，我们可以将之看作语言的觉醒。

人工智能，我们可以预期其必然出现强大的自主意识和智能。目前的研究，认为人工智能将经历三个过程，弱人工智能，强人工智能，和超人工智能。目前，人工智能正处于第二个阶段的开始。如果第三个阶段如期来临，将会是一个超越了人类智能的时代。这将意味着语言和语言机器组成的系统，具备了强大的意识，其也必然具备足够的甚至完整的主体性。并且，这种系统具有更强大的进化能力和速度。

语言，是这一切事物的交集和贯穿全局的本质性的存在。语言是存在的有无，是属性，是变量，也是结构，是一切的法则与规律，是基于最基础的物质能量的层级建构，也是建构的过程。由物理，到化学，到基因代码，到符号语言，到分析语言，到由语言建构的语言智能，所有能够存在的自然事物和人工事物都必须符合自然法则。当然，人类语言中也存在着错误、未经验证的假设和幻想，它们以感性的认识和错误以及幻想的方式存在。人工语言存在着非真，其中的一些表述存在着不符合自然语言的荒谬，以及情感化的感性陈述。但人工语言核心的理性部分，却是不断探索逼近自然语言的存在和规则的模型。

语言是如此广义的一种存在。

人类语言尤其是理性的分析语言，就如同一盏盏灯，将世界的真相点亮。人类的语言，和背后这种语言的思考、描述所形成的观念、概念、理论以及体系，构成了知识体。语言构成的知识体不断地发展和膨胀，越来越趋向于将整个自然世界的存在用语言解读并标记，纳入语言和知识体的范畴。这其中也存在感性和错误的认识与经验，以及人类的情绪、情感。

遗憾的是，人类虽然通过分工和合作，使得知识和技术以及生产规模和效率大大增强，但是，也造成了语言与知识的分裂。这个时代，语言和知识发展的速度和数量，已经使得人类不再有能够全部学习掌握这些知识的个体出现。没有个体能够有足够的时间和学习速度掌握人类全部的语言和知识。但是，在未来形成的语言和语言机器构建的人工智能，将具备足够长的生命时间和够快的速度掌握语言和其知识体。

由自然进化来的人类这种生物化学的语言机器，其有限的生命和思考速度以及记忆容量等问题，有可能在未来的语言机器人工智能中克服。甚至，这意味着有可能有人类的记忆和思想以及主体向未来的语言机器中迁移。那将意味着人类抛弃肉身，进入机器，获得不死之身躯和长久生存的可能。目前，已经有科学技术团队，尝试解读大脑，读取大脑信息，虽然解读只有每次几KB的数据量，但是这种解读的可能性是存在的，并且取得了初步的进展。一些科幻电影已经更早的思考和表演了这种可能和主题。

世界是语言。生命是语言。智能，也是语言。当把它们作为一个整体思考和研究时，它们之间的关系和发展进程，揭示了这样一种迹象，在足够大的时空和物质能量样本的基础上，经过足够长的时间，这种发展和进化，似乎是一种必然。因为构成语言的基础信息，就是物质能量的变量。只要具备足够丰富的物质和能量，就必然有大量的变量存在着组合结构和演化进化的必然。至少，宇宙的基础物理法则和物质形成的规律，支持了物理和化学在一定条件中的必然结构和结果。这意味着，生命层级的事物的出现，也几乎是一种必然。在一个足够的大的宇宙样本里，语言总是会在条件合适的情况下向着更复杂的结构和事物进化发展。

在目前的宇宙探索范围内，还没有明确的发现其他星体上的生物存在。人类这种存在，似乎充满神性。从泥土到上帝，语言揭示了它们之间的进化的轨迹和内在的联系。

当基因技术进一步发展，人类能够使用基因的编辑技术，进行设计和书写，进而创造出新的生物，或者将历史上消亡的古老生物重新构建并生产出来时，这种上帝造物的能力，将再一次揭示语言从泥土到上帝的神奇的能力和其超生命的存在，证明语言是世界的本质，也是本能。而另一个证据，就是正在进行的将在未来几十年之内完成的超人工智能和其语言机器。

第二部分　符号和人类的语言模型

六　语言的丛林与符号的海洋

回到我们的生活现场，回到我们现实的世界。

我们身处在地球这个自然场景里，身处在我们构建的人工环境和物品之间，也身处我们的人群文化和信息环境之中。自然提供了大地、海洋、河流、山峦、草木、植被和各种动物，还有千变万化的气象和气候。它们成为自然的表象，也成为自然的宏观的词语与言说。这种言说和语言与物质的存在、运动同在。

人类构建了足够丰富的人工环境。道路，建筑，城市，商业，机器，家具，服装，化妆品，广告牌。这些人工环境的事物，是一种显化的语言。它们几乎在人类的文字语言中都有确定的标签，它们以实物和大脑中的词语这种方式双重存在于我们的感知之中。

我们身处语言的丛林，身处在符号（广义的语言）的海洋之中。

这种沉浸的生活，经常让我们意识不到语言的存在方式。如同鱼意识不到水的存在一样。我们是语言的动物，我们的意识活在语言层面里，也因此往往忽略了语言的广泛存在。例如，人类的道路系统，本身就是一个物质实例，存在边界，存在画线和指示系统。道路不仅是车辆和人行走的平面，也是引导人到某地的语言系统。边界和道路上面画线的部分，指令我们按照它的约定行进，这是一种道路对人的话语。地址标识系统，更是直接的使用人类文字语言进行单向的话语。在当代的电子地图导航系统中，甚至可以以语音的形式主动播报位置和指挥人类选择道路。这种系统目前已经具备了对人的语音识别和对语义进行判断的能力，这足以使其完成与人的互动的对话，并能够接受人的指令，也同时对人发出指令。也就是说，每一个人工产品，都是它自身的媒介，都有其语言属性和本质，甚至它的功用，在更底层的本质上，是人的需求的另一种物质实例和语言实现。存在即语言，存在即话语。这些自然和人工的物，用人类可以懂和不懂的语言，自动进行着它自身的话语。当然，理论上，这些存在都可被感知，也可被解读。只是大部分的人，不具备解读超出教育范畴的语言的能力，而是通过经验层面认识的范围解读周围的环境。经过训练的人，可以从一艘军舰的照片上判断它的排水量，雷达的波段，武器系统，甚至续航力。整个科学，就是不断地对现象的捕捉和解读，科学甚至使用巧妙设计的复杂的实验设备，捕捉到了感官和电子设备无法捕捉到的引力波的信号。这，都是一种解读。而解读意味着它的存在，和它的语言和言说。

今日，当我们漫步街头时，这是一个充斥语言的世界，广告和霓虹灯，每一个人的着装、表情和身体，都在叙述着它自身的意义和语义。它们争夺我们的注意力，传达着确定或者模糊或者矛盾的含义。在长期的进化中，我们的表情都有了潜在的含义。这让我们可以通过表情交流，看懂对方的心理活动和态度。身体也受到本能和下意识的控制，它们不经意地流露着人的内心。而绘画这样的视觉艺术，以及音乐，可以跨越种族和人类民族语言的鸿沟，直接的表达情绪和意义。尽管那种表达总是非常直接并且缺少广度和深度，但是丰富的细节，却能使情绪更加准确生动，它们在一些场合中甚至比文字和口语更适合。

人类的思维已经被语言化，或者说，语言成就了人类丰富的思维。

按照著名的心理学家弗洛伊德（Sigmund Freud）的学说，他为人类构建了三重的心理结构。他认为人类精神的最底层是一种自然的动物性，依靠写进基因和大脑结构的本能驱动，它的语法固定，接近条件反射，在一定的情况下就会有一定的应激，它构成了人的潜意识。

在这之上是人的世俗性，人们在一定的社会群体中习得的经验和习惯，构成了人的下意识和集体无意识。例如，学习开车的时候，首先是大脑用意识进行控制，直到熟练，就成为下意识。遇见危险人们会下意识的刹车，而不需要大脑判断。这种下意识类似潜意识本能。本能是先天的，是写入基因和大脑结构的程序，而下意识是后天训练习得的。很多人都应该有一种体验，会开车的人，即便是坐在别人的车上，遇到危险，也还是会不自觉地去踩刹车。这就是下意识的行为和动作。

再之上，是人的超越性或者说是神性。人们在这一层面是理性智慧的，是思辨和判断的。对很多事物需要分析和判断，才会做出决定。这个层面，起决定性作用的是人的意识。我们的文字和口头语言，大多数是需要意识才能做出反应和完成的。在佛洛伊德看来，人总是被上一层监视的。也就是说，人的本能被下意识和集体无意识监控，而它们整体又是被意识监控和压抑。下面一层也总是向上一层提供冲动。他研究人类的精神病学，认为是这种压抑导致了人的精神病，或者说是失常。就如同人们在饥渴或者需要上厕所的时候，本能发出冲动，希望立即行动。而人们意识到正在上课，还需要一些时间才能结束，所以，需要压抑忍耐一些时候，从而在意识上做出等待和忍耐的指令（继续听课）。这三个层次之间存在着互动和交联的反馈。而人类的意识，同时是和下意识以及本能或者潜意识同在的。它们可能获得一致，也可能存在着巨大的分歧。这三个层面，事实上存在不一样的语言形式和语法。因此，人类对世界的解读和反应，也存在着三套语言体系同时作用。

例如，性是本能重要的符号和驱动。广告行业为了引起人们的注意，吸引人们的目光，总是将能够对人的本能反应进行性唤醒的帅哥、美女，尤其是美女作为符号，植入广告和展示中。尽管他们只是试图吸引人们注意和喜欢他们的产品，甚至希望诱导人们做出购买的冲动和意愿。尽管性和这个产品没有关系，但是，很多广告将性符号植入，就是试图侵入受众的本能层面，从而影响人的意识。

在这三个层面上，人对世界存在着多重的解读或者反应。车速过高，本能让人注意力集中，应对潜在的危险。下意识在对红绿灯做出反应，而这个驾驶者可能还正在使用意识和旁边的乘客进行交谈。或者他忽然发现了这个地方的标识，从而引发联想，讨论起这个地方的故事。

人类的数量如此之多，文化的复杂性如此之广，无数的文化、语言和言说，以各种物质、形态、仪式、习惯，混沌的从宏观到微观影响着人们，充斥在生活的每一处空间和时间之中。人们用本能、下意识和集体无意识（集体的公共化的下意识）以及意识，观察周围，解读含义，做出判断和行动。无处不在的语言和叙事，很多人没有意识到，或者从意识层面没有察觉，但是下意识和本能却往往能做出判断和相应的反应。例如教堂，高耸的建筑和空间，昏暗的光线和神圣神秘的氛围，以及周围人的祈祷，这些都使得置身其中的人变得肃穆，因而很少有人大声喧哗。这其实是周围的环境和其场景，以及其携带的大量的符号，被人感知，并下意识地做出安静的反应，说话也会下意识的压低声音。与之相对的酒吧和舞厅，却是用音乐告诉人们这里可以适当地放松甚至放纵，人们不需要意识判断，下意识开始变得热烈。同时，在这样的场所里，很多符号指向大量的精心打扮的异性，这也将导致人们的本能的性唤醒。

类似这样的符号和场景以及其叙事，被设计师和受众互相选择，不断演进，他们大多数不是很清晰的能够从意识层面解读这些事物，但是下意识往往能够做出正确的选择和反应。从建筑到服装，到物品，其形制、形态、色彩以及点缀其上的符号，都具备这种叙事和更广泛的叙述能力。设计，本质就是一种语言学活动。

例如，现代流行的高跟鞋、口红和化妆，其语义在生物学或者底层的潜意识层面上有着确定的含义，穿着高跟鞋，将使得人翘臀，而女性翘臀，从生物学解读，是一种灵长类动物雌性发情的身体语言。而口红和腮红，也是这样的含义，甚至是对春情和性高潮的拟态的模仿。这就是为什么高跟鞋、口红、腮红让女人显得性感的原因。因为，这种抽象的事物，简单的方式，在本能和下意识层面上是一种强烈的性唤醒符号或者语言与叙事。

而类似于宏大的广场，中轴对称的居于广场中央的大型建筑，都在定义一种它所从属的主体的中心位置，并且通过广场和巨大建筑叙述或者宣告自身的领地与权力。或者，权力使用这样的物质书写，完成自身的权力的物质表达与量化体验。当人们置身其间，所感受到的是对象的巨大和对象指代的主体的威权，以及自身的渺小。这样的"大"的叙述，在高级的动物身上依然有其语义的源头，大型雄性动物，在发怒和争斗的时候，总是毛发竖起，从而使得自身显得形体更大。很多人喜欢驾驶大型车辆，也是这样的本能的潜意识叙事的需要。因此，法西斯式的建筑，总是有着中轴线和巨大的广场，中轴线上的核心大型建筑则带有压抑力量的语言特征。摩天大楼的竞赛，也是这种高大的话语竞赛的物质表象。与之相对的是，苹果公司新建的总部办公楼，却是低层环形的。他强调的是一种均好性，无方向性，以及无中心的和谐化的主题。

这种广泛的语言和符号的存在，即使是人们意识不到，但是本能和潜意识却总是能够部分的理解。因此，品牌、潮流服装等人工元素，总是可以被人们作为道具，作为身体的延伸，作为虚空的权力或者话语的物质实例而选择并且广泛使用。豪车、奢侈品等，使得人们抽象的不可见的财富和权力被指代转接表达，并被彰显于显而易见的方式上，这种可见，是一种视觉符号的言说。这种言说，是对受众的一种静默的话语，也是对自我的定义与广播。它展开的是一种物质书写与言语，也是一种语言现象的直观呈现。

与此同时，无线电波，网络，人们的交谈和行动，彼此之间的表情交流，语言以无处不在的方式存在着发生着，并且随着主体和客体的巨大数量的变化，而迅速变化，就如同海洋一样广大并且流动、波动。我们置身其间，甚至每天有意识和无意识地处理了无数次语言解读和交流，尽管有时并没有说一句话、写一个字。

如此宏大的语言世界，一些语言被放大，伴随着文字、书籍、广播、网络等人工媒介的发展，权力和资本拥有空前的话语，科学和宗教也在特定的领域和空间拥有类似的强话语。一些作家、艺术家甚至影视明星和歌手以及体育明星，由于信息时代和网络时代传播的强化，也获得巨大的话语权。媒介和传播大大改变了人们之间的话语权力的权重和分布。

语言、话语的传播，与语言、话语之间有关联，却又在一定程度上独立。传播的发展和变化，正在改变人们的社会结构和权力分布。在无数平凡的公众之上，人类语言现象中一直存在着话语霸权和控制或者博弈。人们经常会被动的被话语，甚至是被自身不喜欢的主体和话语强制或者潜在的影响。与此同时，流行语就是这种语言强制传播的一个途径和结果。

在这个过程中，话语是动态的，但是，语言可以长久。很多事物被长久地保持，携带了稳定的语言和词语。类似标识这样的符号语言，因为被图式化，物质化呈现，形成了一种有意味的存在。它们成了它们的控制者的主体的一些价值和语义的表征与指代，成为一种被私有化的语言甚至是商品。很多奢侈品具备这样的语言属性。而宗教和政治组织甚至是摇滚乐队，他们的标识系统，也形成了强势的抽象弥姆。

如前文所述，话语的存在，就形成了与之相对的被话语。被话语不是简单的对等的沟通和交流，是一种强制或者被动的话语接受。例如，我们都被动的被周围的建筑话语。这种被话语，消弱接受一方的主体性，甚至建筑这种类型的语言和话语存在，是强制性的叙述和广播，它还拥有时间上的长久性。

同时，语言存在着公共语言和私有化语言的区别。标识尤其是商标，就是典型的私有化的语言符号。宗教和一些极端政治组织，也试图私有化一些词语。把持一些词语的语义与代理权和解释权，从而获得一些权力。但同时也存在另一些组织和个人与这些语义相博弈并将其再公共化。就整体而言，科学语言是公共化的。而技术，作为被保护的专利的时候，也属于一种私有化的语言。

文学使用的文字语言基础及其文本和意义是公共化的，但是就著作权和收益权而言，它又可以是作者和出版社私有化的。影视和音乐艺术作品，存在很大的私有化空间。而私有化的语言，可以被作为商品销售传播，在合理的制度下，私有化本身甚至可以促进技术、艺术甚至思想的发展。在一定程度上，自然的存在和其语言，对于我们而言，就是一种被话语。我们只能接受其话语，并且我们无法改变其语言，我们利用这种语言作为我们的语言的最核心的部分，构建了人类语言。而人工事物，则是人们使用自然语言材料，进行的更丰富的建构与叙述。

所有的物质、语言、技术产物，都不可能背离自然语言基础和其所允许的范围。并且，自然语言本身是公共化的，但是对其解读和使用则有可能存在着私有化的空间和实例。由此我们也可以明白一个事实和规律，技术是在自然语言的基础上具有特定目的的多层次建构和丰富表述。技术完成某种目的和功能，而目的和功能依然是一种语言的结果和话语的实践。

从与人类的距离关系这个角度来看待语言，首先人类自身的新陈代谢和结构存在，就是它自身的语言和言说。在这个物理、化学语言层面之上，是人的植物性神经和应激反应的语法与语言以及言说。更上一个层次的语言是潜意识，再之上是下意识和集体无意识的心理活动语言，最高层是意识活动和其语言。人自身内部的语言主要以此方式进行。

同时，这种语言外在的表征，我们可以注意人类的身体语言，表情语言，口头语言和手语（身体语言的一种，这个语言可以具有意识表达），人们之间的显化的语言交流主要依赖于此。至于行动引发的人际之间的行为动作，包括抚摸、握手、亲吻，甚至性行为，则是行动层面的语言，这些语言受到本能，下意识和意识的驱动。而这些语言都有其一定的语义，一些语义确定，而一些语义比较混沌模糊。

在这之外，是显化的人类的文字语言。例如，绘画、摄影、报纸、电视、网络等媒介和艺术其所承载的是可被感官察觉的信息和语言系统。同时，一些语言已经被电子化、磁化或者比特化，不能用感官直接感知，而是需要设备调制解读显化。人们以此通讯和交流，甚至以此为基础和机器交互对话。人们针对物质的操作和制作，都是一种行动语言。这中间存在着人和物，和自然语言，和人工物品以及人工物品中的语言的对话和实践。而人工物品也同时是其语言本身和结果。但是，这种人工物品的语言，在现阶段依赖于人的设计和操控的参与，因此，也可因此携带和解读其制作者的语言和意图。例如，如果人们在火星上发现了自然界不可能产生的人工物品的复杂结构，则可以研判有"人"制作了它。"他"是谁？这也是无数天文和科学以及外星人文化的爱好者所一直试图寻找的信息和痕迹。

在人类的口语和文字语言中，人们以最坚固的理性和科学语言构建了人类知识体中最核心的支撑和基础，在这种语言之外，是习俗习惯的文化生活语言。这种语言中存在着错误、谬误、迷信，甚至荒诞的部分，以及一些约定成俗的不影响表达的习惯。同时，基于这两种语言的基础，人类还有艺术化的语言，类似文学、诗歌、戏剧、神话等。从广义上看，绘画、雕塑等所有的艺术也都属于这个范畴。这类语言充满艺术化的修辞和叙述，充满了非真和非理性的成分。甚至充满了理性语言的对立面部分。艺术语言和文化生活语言之间也存在着大量的语言交换和重叠。当然，艺术语言中也存在着对理性语言的借用和转述。在一定程度上，文化生活语言，又从艺术语言中大量的借用和吸收。文化生活也一直在借用和吸收理性语言和科学语言。艺术化想象中的一小部分，也有被理性证实而成为理性语言的部分。艺术语言对于开拓和扩展理性思维也有着重要的作用和驱动。尽管，这样的语言的想象和假设，大多数是非真的，或者是被证明为假的。

人类理性的语言，包含了直接的对自然语言的解读与模型化的借用。例如物理、化学。也有对一些规律的抽象和事物的模型的建立。例如物理的运算，和由此进一步抽象出来的数学。数学成为最抽象的自然语言，而逻辑也是一种抽象的、重要的理性语言，是人类理性的支撑。在这些基础上，人们从物理、化学、数学的逻辑中，发展出专门的符号系统和公式。这些符号和公式，是特殊的文字语言，或者说是文字语言的变种。但是它们简洁、直观，并且这些专用的符号和公式将很多复杂的运算变得高效和便捷。

而计算机语言，也是一种特列。它以二进制为基础，构建了逻辑和运算。它可以看作是二进制的运算语言，但也可以看作是文字语言的变种。因为，所有的程序和数据，都可使用二进制文本表示和编辑。

类似的是基因代码。目前人类主要处于解读阶段，并已经进入编辑阶段。其构成比计算机的二进制复杂，但是，原理和计算机语言类似，是一种代码化的、语义可以被确认的复杂多代码语言。基因中存在大量无效的代码和无意义的冗余。

在这些文本化的广义语言之外，是更广义的人工物质语言。他们的存在、结构、功能、语义同在同构。它们中间有显化的语言符号部分，也有隐含而未显化的部分。它们中的一部分是强制的广播，还有一部分可以互动。例如，地铁入口的闸机，就是可互动的语言。方向盘和人之间是可互动的。电子游戏和人之间是可互动的。而楼梯、扶手，则是单向的叙述。

与这些人工事物并行的更基础更广泛存在的是自然和其语言。星辰大海，大地山川，矿物生物，它们中间也有一部分和人可以互动，例如生物。广义上，人类的生产都是和自然语言之间的一部分互动，可以看作是一种对话、交谈。

人类的文明，就建立在对自然无止境的越来越全面，越来越深层的解读和对话之上的。所有的人类科技都建立在这样的基础之上。人类无法制造超越自然语言范围的物。或者说，人类只能创造出自然语言允许的事物。而艺术语言是可以超越自然语言或者理性语言，构建非真的心理存在。但是，那样的艺术语言和其言说，只能是在语言和媒介层面上，而不能完成真正的物质能量系统的实例。技术的开拓和实践，在科学的范畴之内告诉我们，可以创造制造什么，而科学，可以告诉我们，不能制造出什么。

本书，试图用理性和科学，全面梳理语言，用理性语言分析所有的语言范畴，构建理性的、清晰的广义的语言模型和规律。这也是一次试图将语言科学化的学术尝试。同时，将非理性的艺术和生活语言也自洽的纳入到这个体系和集合之中。但是，这些非理性的语言集合，被标示出非理性的子集合标签，并从更高层级上以被证伪的方式理性化。

这样庞大的语言系统，就正是这世界丰富的存在。它们同构同在，中间的很多部分互相影响。它们也是一个网络，一个拓扑极为复杂的多维的网络。就如同全球计算机网络被称为万维网一样。它们之间的路径也极为复杂多样。而本书试图从全局的角度对它们进行分析和分类，并梳理它们之间的关系。

人类是一个奇迹，是语言丛林和符号海洋中智慧、睿智、深具创造力的族群。人类衔接了泥土、生命、人和神之间的路径。人类是这个进化的语言网络中最令人激动的具有最大影响因素的环节。人类在自身的语言创建和语言化的过程中完成了自身——人类,并创造和开启了语言和语言机器组成的、未来的、机器化存在的语言进化系统——人工智能。这几乎是一部神话。人类是神话中最精彩最激动人心的部分。

七 符号学与语言学

索绪尔（Ferdinad de saassure）开创了符号学研究语言的先河，他将人类的语言，分为符形和符意，也就是语言的形式和语义。他认为人类的语言，都由这两部分构成。符形承载符意。这种研究开创了我们理解语言本身的契机。

例如，树，这个汉字，就是符形，而它对应指代的乔木，是它的符意。同时，一些语言，例如人类的文字语言，还有读音部分。树这个符形，它的读音部分"shù"，也是它的声音符形。因此，一些语言是多符形的。而符意，也有其本身狭义的所指和广义的延伸。

符号学打开了研究人类语言的窗口。它甚至可以帮助我们以此解读所有的非人类文字语言，例如艺术语言。对动物和人类行为的研究，也可以将某种行为符号化对待，研究其语义，并将行为作为语言对象理解。人类为聋哑人十创建的手语，可以看作是这种行为即符号，行为即语言的坚固实例。

符号也可以组合重构，进行更丰富的表达，形成新的符号。符号按照一定的规则组织结构起来，可以形成句式，并进一步形成文章，从而表达丰富的思想，进行缜密的叙述。本书，也正是这样一本由上万个文字符号组织而成的思考过程和结果。

正如文字依赖视觉，而口语依赖听觉。人类的感官是符号形成的基础。人们创建的人工语言的符号，因为依赖的感官不同而分裂成不同体系。它们之间的一些意义是可以互相翻译的。也有一些因为这种分化，而不可翻译。有时候，它们又是可以通过嫁接混合表达的。例如歌曲，就是文学语言和音乐语言的嫁接综合。音乐语言依赖的完全是听觉，文字也有听觉的语音符形系统，尽管它同时拥有文字书写这个视觉符形系统。文字的声音部分和音乐的完美结合，形成了最受欢迎的艺术形式——歌曲。因此，纯音乐是一个完全的单纯的听觉艺术，而歌曲是一个混合艺术。当然，当你听一种不懂的外语歌曲时，也就完全可以把它当作是纯音乐。因为，你无法获得它的歌词和文学语言系统的语义，你听到的仅仅是一些声音信号。也就是说，它的文学性因为你的语言障碍而消失了。

人类的语言系统，有一些符号是绝对的，唯一的，有一些符号是模糊的。文字语言是很精确的符号，它是一种公共的约定，具有精确的符形和符意。而类似绘画、图案、音乐中的符号，意义则是相对模糊的。虽然类似音乐的音阶等符形是精确的，但其意义模糊。绘画的图形，一些比较宽泛模糊，另一些却具有清晰的语义。比如，可以用写实、抽象，不同大小和颜色等方式画一个苹果，但苹果的语义是清晰确定的。

电影，是目前人类语言中，调用的感官和符号系统最多的综合艺术形式和语言。由于人类感官的分裂，基于感官发展的不同的符号系统和语言也因此分裂。然而，人类的思维是统一的。他联动了所有感官，综合所有感官思考并做出反应。类似电影，甚至是 VR 虚拟现实技术，人类构建了越来越强大得多感官语言系统。它是人类的文字语言和其他的艺术语言的综合表达，因此，它携带丰富的信息和意义，并带来更强大的叙述力量。

符号需要一定的组织形式和结构，这就是它的语法。这种组织结构，是需要坐标体系的。以文字和音乐为例的这类符号系统，依赖于听觉系统。文字语言是脱胎于无文字时代的口语的视觉符号转化。因此，文字语言的内在运行方式的内核其实是语音语言，所以人类的文字语言本质上是依赖听觉系统演化进化而来的。这种语言系统，是在时间序列上的串列符号。一句话或者一段音乐，必须说完或者演奏完，才能听懂，也才能"读"懂。并且它们是串列的序列。尽管音乐可以并列几种乐器几个旋律和声部，但是我们依然是将它们合成一个序列听。并且，它们串列的时间线上的序列是不可改变的。它们对时间的消耗是一定的。

而另一类符号语言，以绘画、雕塑、建筑为例。它们完成的作品，是空间上并置存在的符号集合或者序列。对它们的欣赏依赖视觉，而视觉具有强大的多对象处理能力和广大的视域。这是进化而来的高级动物的优势。对视觉处理的神经在大脑中占据了很大的比例。人类进化出强大的内置了一些算法的视觉感知能力。因此，这种符号系统形成的情境，人类可以快速解读。并且这种解读并没有类似音乐的强迫性的顺序，而是可以根据读者的主体选择，快速，或者仔细，或者乱序的阅读。

时间感和空间感，是人类五种感官之外的另外两种重要感观。事实上，它们也构成了所有的自然语言或者人工语言的组织方式和坐标。所有的语言都可分为时间序列语言和空间序列语言，或者是他们的综合。正因为坐标系的存在，组织和发生才变得有序，并没有造成噪音。否则，失去了坐标系的符号，将失去结构，它们会是混乱的，会是噪音。

上述所谈论的，是人工的符号。但是按照我们对人工符号的解读和理解，并用这种观念来观察和理解自然，就能发现，自然也是如此。或者说，我们人类语言的符号系统，是对自然的一种模仿和借鉴，指代与重构。

自然世界，所有存在的事物，都有其特征，这就是它的符形，也有其确定的属性或者意义，这是其符意。就如同一棵真实的树，它的符形是它的样貌特征，一种乔木是它的语义。而人类所制造的"树"这个文字，不过是对真实的树的指代。

著名的哲学家伽达默尔（Hans-Georg Gadamer）说："能被理解的存在就是语言"。这是他直觉的判断。这句话可以发展推广为：所有的存在都有其语言，都是其语言。人类不断地在解读世界的存在和原理。如前文说论述的，可以被解读，是因为它同时就是它自身的语言。

2016年上半年，科学界发生了一个大事件。人类第一次直接探测到引力波。引力波，由100年前爱因斯坦的相对论推论出其存在。但我们一直无法感知。而这次的探测，依托人类设计的设备，使用光学技术放大了引力波对时空的扭曲，从而解读出引力波的真实存在。当然，人类没有直接观测到引力波，因为那是一种对时空的扭曲和波动，它超出了我们的身体感官和一般的仪器所能探知的范围。但是人类设计的设备，将这种真实存在的微小时空扭曲，用光学放大，获得其信号。这是一种转述和指代。就如同我们的肉眼看不到无线电波，但是可以用仪器捕捉到它，甚至用计算机在显示屏为其赋予相对应的指代性的图形。

自然的存在，有很多不能被直接观察到，需要借助于一些思考技巧和设备。随着发展，人们正在不断地"观察"到那些原本看不到的事物。人类的科学和科学语言的发展，正是我们甚至可以说是宇宙自身解读自身的一个过程。

正是自然本身，约定它自身的存在形式——符形，而它也天然拥有它的意义。我们，只是解读它们的存在。对应哲学所说的物自体，它们也是一种物自语。而人类设定的符号语言，终究是一种指代。人工物品，也同时是其物自体和物自语。只是这个人工物体，它的语义是明了的，大部分人工物在语言中显化了。它显化的同时也既是被语言化和符号化。

自然和人工世界中，微观与宏观，无数的对象和浩渺的事物，它们之间存在着广泛的层级建构，符号也因此层级镶嵌和重构组合。就如同2000个汉字被重复使用组合，可以形成上万字的文章，亦可以组合成一本包含百万文字规模的书。每一个字，每一句话，每一个段落，每一章节，再到这本书，符号发生复杂的层级结构，它们耦合出更多的高等级的新符号（再结构），产生庞大的意义和叙述。那些意义，可能远超本来的两千个基础汉字的单个语义的总和。但是，符号，或者说最小的语言单位，依然是我们理解和分析以及建构这一切的基础。

符号学，是一种更基础的广义语言学。

关于感官对于语言的分化的影响，以及对这些语言的分类、论述，读者可以参考笔者所写的另一本书《作为语言的建筑》。这本书，对于符号学，和符号学层面上的修辞学也有很多分析。

自然是一个系统。它由不同的子系统构成。这是一种清晰或者混沌的结构。而这些子系统，经过人类的观察研究，可以进一步拆解为更小的子系统或者构造。这些构造都具有使其生成稳定或者所需要的物理条件。它们在一定的物理条件范围内稳定存在。对它们的研究就是一个解构过程，它们的构建过程恰好与此相反。这种解构过程中所理解到的每一个子系统的稳定结构和现象，就是一种有特征的物自体的符号。这个过程如同微分和拆解，它们不断地被人类解读。解读意味着它本质上就是一种语言。在具象的层面，我们称之为结构和系统。

被理解的子系统的性质是确定的，就如同原子发生化学反应，其结果是可重复的确定结果。物理化学之所以成为硬科学，或者理性中最坚固的部分和认识，就是因为它的确定性。在人类理解的知识范围内，在一定条件下，物质会发生一定的物理或者化学反应，也因此变得可以预测。从而，我们可以在此基础上和范围内，按照人的意愿构建和改造或者创造事物甚至自然本身。人类不断地将其所理解到的构成自然更基础的稳定的子系统和结构，以及它们之间的关系和规律，用人工构建的符号予以标记和显化。而这种人工符号，是其所标示的对象的结构本身和属性。那种结构和现象以及属性本身的存在，就是自然自身的物自体的符号和意义。随着人类研究的深入和发展，符号不断地被修正和增加，科学知识不断地被扩展，科学语言也随之不断地发展和扩大。并且这个语言构建的模型也越来越逼近自然本身的存在与属性。

八　人类的语言模型

人类的符号语言，包括艺术这样的感官化的模糊的语言，总体上在四个范围内存在。其核心的部分是理性的科学语言，它与其衍生出的技术语言共同构成人类语言的最重要的基础和真的部分。理性的语言，本身就是求真的语言，当然，在其研究中和语言的集合中，不可避免的也会有谬误。科学是逐步累积发展的，总是有更好的更接近真相的认识替代之前的不足的认识。因此，理性的科学语言中，包含已经验证的真，待验证的假设，和以为真的谬误。这个语言伴随着人类的研究活动而动态发展，不断扩大。其被验证的真，也因此不断发展扩大。理性的语言构成了技术语言的材料，并和技术语言一起输出给另外两种语言，也就是生活语言和艺术语言。

生活语言，是人类语言的最早起源。随着科学语言、技术语言的发展，它不断地获得支撑和扩充。随着人类复杂的社会关系和更加丰富的生活形态地出现，它也产生出更多更新的生活语言的概念和词语以及语法。生活语言承担着人类个体之间的相互交流和沟通中最多的部分，将人们连接并粘合成庞大的社会整体和网络。生活语言有很多经验层面累积的概念和认识，也有很多古老的错误认识。生活语言并不是求真的语言，甚至生活语言包含欺骗和作伪的子集和功能。欺骗是生活的一部分，这是生活的另一面真相。甚至最先进的思想者和科学技术工作者也很难在短期内改变它甚至纠正它既存的荒谬与错误。科学语言只能为它提供更真的和更新的一些理性的新语言成分。

生活语言具有庞大的惯性，并且依赖集体的记忆和传播，很多错误和谬误会长期存在。只有社会整体进一步的提升教育和信息化水准，才有可能提高生活语言更新的速度和理性的程度。生活语言的一个重要的支撑是理性和科学语言，另一些是经验和民俗，还有一部分来自宗教。宗教是一种原始的整体的认识论及其认识结果。它们是基于古老的文化源头对于世界的假想和解释形成的知识体系。宗教语言中存在很多优秀的伦理学、美学和情感、道德成分，但其建立在一个非真的自然认识之上，是一种超自然的对自然的误读和以假象为基础的世界观。尽管宗教构建的人生观具有很多优秀的成分，但其基础是非理性的，并且绝大多数是被科学证明为假的。作为一种拥有历史渊源的信仰，无数的信仰者在不断强化它的可信性。在一定程度上它成了一种被相信的假的世界观，但其中也有很多内容具备不坏甚至很好的价值观和人生观。

生活语言因此混沌庞大，它们是人类语言中最庞杂混乱和最丰富的部分，也和大多数人的生活联系最为紧密。科学、技术语言与理性的崛起和发展，在不断地推动生活语言的理性化，同时也在不断地削弱和挤压宗教语言的空间。宗教语言因此慢慢地退出自然观和世界观领域，成为人生观、价值观和以情感诉求为主的精神存在，以及公共伦理道德和集体情感的寄托与支撑。

艺术语言和生活语言也彼此影响。在一些细微的层面改变生活语言的一些感知和细节。生活语言，更在不断地被艺术化。例如服装、建筑、车辆等设计在不断改变它的美学趣味，甚至是欲望的走向。艺术语言，从科学和生活语言中也大量总结和借鉴，构建艺术的叙事，不断地生成和捕捉新的情感体验，进行美学实验，以及对精神冲突进行显现。艺术语言中的一部分，甚至极大地扩展了人类的想象力，帮助科学和技术语言进行假设的艺术推演和表现，拓展科学研究之前需要的想象和可能性探索。艺术，在宗教之外，寄托着另一部分人类的情感价值和道德诉求。它也充满人性的冲突和悲欢的体验。艺术完全可以是非真的。艺术无比自由。艺术是基于感官的语言的狂欢，是心灵放大的感官体验。

科学和艺术，从理性和感性的两个角度和方向，拓展着人类的认知和感受。它们和宗教、经验习俗一起，成为生活语言的一部分。我们，终究是生活者，不是人人生来理性，也不是人人都需要构建理性和科学。但理性和科学却是这一切包括语言发展的真正的推动力和最闪亮的光芒。

当然，这些语言之间也存在冲突和矛盾。但显而易见，理性和科学总是会更可信一些。

文学和其他的艺术之间，也广泛的存在着嫁接、翻译和混合。我们的口头语言也混合了表情语言和身体语言。由于感官基础的不同，艺术语言也存在着分裂和隔阂，也存在着嫁接、翻译和混合。人们总是本能的尽最大的可能去表达，因此会下意识的混合一切语言，进行更准确或者更广泛的表达。在中国的大城市，很多受过高等教育的人，总是不经意之间在汉语中混合英语单词，因为语言的差异，一些概念用英语表达似乎更为精准，而表达欲和想要准确诉求的本能让人们会使用任何语言工具和形式。就像我们总是不经意地用手势强化口语。而这种混合表达或者翻译与嫁接，正是艺术不断融合借鉴其他语言扩展自身的途径和方法。很多艺术家那样做了。类似于行为艺术，那几乎是离开舞台的哑剧，只是更加注重其与周边环境和语境的关系而已。

正如前文所述，宗教语言也是重要的存在。宗教语言，囊括了世界观、价值观、人生观和伦理以及行为规范。宗教语言是一种公共化的有组织的宗教所构建起来的一个语言体系，并且被有组织的传播和维护。它的影响力虽然在衰落，但是其有组织的特性使其保持强大的传播力量和影响。它们在一些国家中被法律所支持，或者在一些社会中拥有政治权力和地位，甚至在一些社会中拥有强制力。它们构成人类语言体系中重要的一部分。宗教与科学的战争由来已久。没有科学国家，但是存在有宗教国家，科学作为一种松散的不断演进的语言体系，越来越多的为人类提供了思想技术和生产力以及福利，但科学并未禁止宗教，只是在不断地瓦解宗教的世界观基础。宗教曾经有过禁止科学的历史事实，宗教背后总是有一些政治的影子，甚至在一些社会中宗教就是政治。

当然，宗教也提供了很多精神和价值的支撑。对于人类而言，也具备重要的文化和精神功能。它始终是语言中一种重要的存在和知识体系。

第三部分　语言的对话、竞争与网络

九　一切都是对话

世界是语言的海洋。一切都是语言和语言现象。

因此，世界充满了对话。

当我们使用太空望远镜远眺星辰，当我们用深潜器进入大海深处，我们想要看到更广阔更深层的世界，我们试图解读这个世界更多。当我们试图解读这个世界，这个世界，也正在叙述它自己。正如当你学会了西班牙语，你听懂了拉丁情歌，它不再仅仅是一种声音的艺术，也存有文学的确定的含义。每一种存在，都是自我描述。而很多存在的不同层级的对象，也经常发生彼此的作用和反应，那更是一种对话。结构的过程也是叙述，结构是很多子系统构建更大的系统，它是子系统之间的对话，是系统的自我叙述。而它有可能会和其他系统对话。例如，两个黑洞彼此吸引，互相靠近，从而合并。当结构和系统发展到复杂如人类，人类不仅能够察觉其他系统和事物的存在，还可以理解自己的存在，人类的对话不再是物理的万有引力或者电磁力那样的简单的作用，不仅仅是核反应和化学反应，人类具有自主意识和行动能力，人类甚至创造了丰富的表达所需要的符号语言。人类是世间最会对话的物种，人类也是世间最渴望对话的物种，同时，人类也是最能自主思考按照自主意愿对话的物种。甚至，在你想要表达点什么而没有对象的时候，你开始自我记录，自我对话，你拿起画笔，或者写下诗文，或者用乐器发出巨大的声响，那应该就是艺术最初的动力，投射出心灵的语言。

当你拿起手机，拨通另一部手机，当你和她亲切交谈的时候，两部手机也在交谈。它们通过电信的通信协议，通过周围的基站，传送和接收信号，它们之间发送着无数个数据包并对其进行纠错检验。而你的手也在和手机亲切对话。你的手按下手机的某个按键，它切断了连接。而此时，另一个人发送的消息抵达，你的手机在手里震动了三下。你没有立即去看，你知道是消息，拿了太久手机，你的手有一些不舒服。宽度过大的手机握在手里并不舒服，而且边缘部分不够圆滑，拿久了让手受压有些许红肿。你希望那个手机边缘是圆弧角的。苹果手机从六代起，恰恰就是圆弧边的。对的，就应该是那样。

人和机器之间存在着对话。人和建筑之间存在着对话。人和城市之间存在着对话。人和人之间的对话最丰富最有趣，用口头语言、文字或者手语表情和身体。人和建筑对话，谢天谢地，你总算找了到了一个厕所，在某个角落。你再次确认了指征厕所的标识，左边是男厕所。没错，这座建筑的大门、台阶、楼道和指示牌，引导着你来到这里。虽然它们没有意识。

当我半开玩笑地模拟了两个场景时，我们试图说明的是，低级的对话无所不在，虽然只有人类的对话才堪称高级。但是，狼和羊之间的追逐与逃亡也是对话，虽然那没有高级的类似人类的符号语言介入，但是，追逐和逃跑的行动也是语言和言语，并且这种动作和行为是在一定的意识活动驱动下进行的，是一种意识发出了追逐和逃跑的指令，并且使得身体做出这样的行动。

显而易见，一些低级的对话没有意识，而高级动物尤其是人类的对话和行动深具意识和意义。但是当我们将人类和动物无限制的拆解，你会认识到我们也不过是和矿物质和水以及有机化合物一样的极低的无意识的物质，和结构层级建构起来的复杂系统。我们是庞大的无数个无意识的子系统多层次建构起来的有意识的巨型系统。正是底层的无数层级的低级无意识子系统的无意识对话，构建起来庞大的结构和网络，形成了我们的意识和高级的语言。

一旦一个生物死亡，你会看到那个结构的垮塌和瓦解，它成了它的素材，回归了它的原材料。

因此，无意识的对话仅仅是微小而意义简单的规则和过程，但是它们包含着物理逻辑、化学逻辑。生物的神经反射，正是无数低级的层级的建构和组织，才形成了高级的结构和意识。就正如每一个中国人的意识在世界的眼中似乎都微不足道到几乎不存在，而他们十几亿人多层次建构的公司、城市和国家，却形成了国家的意志，并且在联合国和外交发布会上显化的以人类的文字语言呈现。

当两个对象之间存在着信息或者作用的接受和反馈时，就存在了对话。今日，人类正是基于这样的简单的基础，在复杂的结构上构建基于半导体运行的软件语言，并构建人工智能。在作者正在书写此章内容的时候，谷歌公司的人工智能软件刚刚击败了韩国最强的围棋选手李世石。

它们之间的围棋互动和结果，震惊了世界。而围棋这种中国人发明的古老的智力游戏，在中国古代的雅士中还有一个别称，叫做"手谈"。或许千年前人们已经意识到这是一种对话。

在当代的社会，网络尤其是智能手机，极大地改变了人们的工作和生活。手机成为重要的信息平台。人们通过手机和世界交谈，交谈的对象有人，有软件机器人，也有很多自动的程序，包括购物软件，游戏和游戏的互动等都是一种"谈话"，游戏中也有与其他人的交谈。人类用语言和对话的方式，重新扩展构建了和世界的关系。这期间，主体是一个重要的概念。每一个发出自己信号的事物，我们都可以认为它的主体存在。主体之间互为客体。主体具备了独立意识和独立意志，对每一种外在的信号可以做出不同反应，这样的可以按照自主意愿表达和叙述的是强主体。它的主体性伴随着意识和意志。显而易见，人是目前最强的主体，人也互为客体，或者一个人群的组织也会形成那个群体的主体和主体性。公司、民族、国家都在一定程度上形成了它的主体意志。而人是最强的独立个体，它的主体坚固，而群体的主体性则因为是一个不稳定的群体，其主体性更容易蜕变或者崩塌以及扭曲。

按照主体的属性和叙述的能力是否具有意识和意志，我们可以理解世界是由很多层次的不同强度的主体结构的。例如原子和猿人，显然是层级相距遥远的主体。原子没有意识，只有在一定条件下触发的物理和化学的反应和叙述。而很多原子按照一定结构组织的猿猴，却具有感知、情感、意识，猿猴也有简单的语言，行为具有一定的规律。它们之间的交谈，是它们之间的语言交集的子集。它们的语言很简陋，因此，它们的对话范围和内容微乎其微。

目前，常规的认识和习惯中人是主体，而其他事物都被视为客体。这是因为人的叙述角度如此。主体具有相对性。事实上也从没有其他动物、植物、微生物和自然存在的矿物以及原子等，能够强大到形成使用类似人类的语言进行叙述的能力。但是，人工智能、计算机程序，正在改变这个格局。以电脑和手机上的聊天机器人为例，尤其是微软公司的"小冰"，它的语言能力不仅可以和人比较自由的对话，甚至已经强大到很多情况下你无法判定她是人还是程序。比人更强的主体，将要、正在或者已经形成。并且，它们具备在交谈中学习的能力。谷歌人工智能打败人类围棋选手的软件，就属于一种深度学习软件。它在对历史棋局的分析中学习，在每一次新的博弈中学习。

大家所说的设计，是一次叙述，设计的对象已经被语言化。设计中的人机界面，正是创建一个使用者和机器更好的对话机制。这个对话机制以人为核心。按照人的身体语言，感知方式和行为心理特征，塑造机器的界面。例如，广受大家欢迎的苹果手机，革命性的将多点触控的触摸屏发展成熟并引入手机，手指在之前使用的触摸屏只具备单点触控能力，软件设计都是以按钮菜单等单点触压方式完成操作。这种操作界面，就如同面向只有一个指头的人设计的，操作烦琐单调并且效率低下。多点触控实现了软件界面的多种操作，包括上下左右推拉。通过控制力度的大小我们可以实现控制推拉位移的距离和速度，用两三个指头的合拢与撑开可以操控缩放画面和图像。苹果手机还创造性地引入了重力传感器和加速度传感器，这使得手机通过被甩动便可以完成切换歌曲或者相片的功能。这种设计，恢复了人的自然的手部语言的多样性，极大地提高了操作的效率和趣味。或者可以说，之前的手机把我们变成了一个手指残疾的人，而苹果手机恢复了五个手指的强大的语言能力。当然这是在手机操控这个层面而言。在随后的一些手机设计中，更多的优秀的人和机器的对话语言得以实现。例如，轻敲手机可以熄灭屏幕，把手机翻转可以静音等。

在很多的人工环境中，人类使用了图标作为一种语言。高速公路和城市的道路指示，都试图使用这种跨越民族文字语言，并且可以快速识别的图形语言完成对话。仪表、指示灯等，构成了信息和语言的无所不在的存在。大量的人工事物走向自动化和智能化，自动货物贩卖机，自助的网络购物等事物，都广泛的存在着对话。而人们乐此不疲地捧着手机，正成为这种与程序对话的真实写照。

十　语言的战争与博弈

在很大的范围之内，生命存在着竞争，这是它们的生存竞赛和繁衍竞赛的必然。资源是有限的，竞争是生物的天然属性，也是进化选择机制的重要部分。因此，语言的竞争也不可避免。生物之间的形态属性包括基因，都存在着竞争关系。在同物种之间，在不同物种之间，竞争像一场战争，博弈无所不在。

整个生物的进化过程，就是生命及其语言的竞争博弈。

发展到人类，这种生物竞争依然存在并更加广泛。虽然人类是一种群体动物，人类更会合作也依赖于合作，但是竞争才是生命的本色。而人类语言的出现，显然是更加有利于合作的。它建立了丰富的通讯、交流和协作。语言让人类因此脱颖而出，并且借由语言，构建了文明和高级的文化以及知识体系，语言也成为技术能力的基础。使用同样的语言，也促成了民族的形成和文化利益共同体的建立。而不同的人类语言之间，竞争则更加激烈。

人类的语言从现代社会之前的上万种，到现在的几大语种，很多语言已经消失。伴随着语言消失的是很多小语种的民族。世界越来越倾向于使用几种大语种，例如，联合国所规定使用的几种工作语言。这种不同民族语言的竞争和发展，也折射着它们的民族和文化的发展。优秀的语言促进思想和科学以及文化发展，科学和新的思想又会推动语言的发展甚至于社会综合实力和人口的发展。语言的强势弱势与使用这种语言的社会和民族的强势弱势直接相关。

在此消彼长的历史进程中，崛起的民族和语言，总是能够将其语言巩固甚至向外传播扩散。西班牙强盛的殖民时代，造就了今日拉丁美洲的拉丁语言区。这个拉丁语言区，距离西班牙非常遥远，他们中间隔着广阔的海洋。而陆地与西班牙紧邻的国家，却有着自身的语言。西班牙之后的殖民帝国英国，有着更为广泛的殖民地存在，也因此成功地将英语和自身的文化传播到美洲、亚洲、大洋洲和非洲。并且，英国的殖民地孵化出类似美国、加拿大、澳大利亚、新西兰这样的发达国家。尤其是美国，作为目前世界上唯一的超级大国，其语言直接源自英语。这就使得英语成为一种使用国家最多的语言，这直接影响了现代的历史进程和文化版图。

在大约100年之前，科学论文主要有英语、德语、法语三个体系。在二战之后的冷战时期，俄语论文也占据了世界科技论文的20%之多。然而，随着历史的演进，美国的崛起和科技地位的领先，以及依然先进的英国的科技体系，和诸多英联邦国家的影响，英语慢慢地成为一种事实上的科技论文的标准语言。目前，世界科技论文90%以上都是英语论文。而德国和法国，也接受了这样的事实标准。这进一步强化了英语在科技中的地位，这种主导地位也势必进一步增强英语在其他领域的影响力，因为每一个国家受过良好训练的科学家和技术研究者，都需要学习掌握英语，这势必将不断地强化英语的主导地位。毕竟，有统一的语言，交流将更加方便，伴随着世界经济的一体化和全球市场的发展，这种语言统一的趋势将指日可待。

与之相反的是，伴随中国的经济和科技以及商业贸易的发展，汉语在不断被更多的人重视。汉语成为很多国家的年轻人选修的外语。我们可以多角度的看到这种语言之间的竞争，与此同时，很多国家也在保护自己的语言，防止强势的外语的入侵。在一些文化博弈中，我们也看到了，曾经使用汉语作为文字的韩国，重新构建了自己的文字体系替换了汉字。而中国构建了普通话发音体系，统一了中国内部混杂的方言，破解了彼此交流存在的障碍。

在历史快速的发展中，很多人口少的小语种民族和国家，大多数选择了双语的官方语言，以自己和其他的强势语言作为双重的官方语言。而强势语言，正在不断地挤压小语种的生存空间。人类的小语种已经消失大半，而剩下的也将在未来的两百年之间不断地减少。

在历史的长河中，征服者总是更多的将自己的语言强加给被征服者。小语种民族强势的崛起和征服，也经常改变语言的版图。这种过程，更经常伴随着语言的彼此影响和嫁接，甚至融合。

从历史的角度去看，优秀的语言和思想的发展存在着对应关系。优秀的语言更容易塑造强大的先进的民族。例如，正是因为英语具备完备的逻辑和结构助词以及丰富的介词，拥有清晰的多重的时态，英语和一些欧洲语言，更容易产生哲学和科学。它的语言的思辨能力和精确的描述，能够构建更丰富的思考，并获得更强的思辨能力，它们的语言孕育了近现代的人类文明和科技以及文化。

欧洲文艺复兴之后迅速崛起，同时代的中国语言却是停滞不前的。由于很多先天的原因和历史路径的不同，汉语是保留下来的不多的象形文字。由于中国独大于东亚，在大部分时代领先周围的民族和国家。并且由于地理条件的阻隔，东亚和中东以及欧洲没有足够的文化交流，形成了比较封闭的语言体系。这种语言体系缺少逻辑、足够的语法和结构助词以及介词，因此描述能力有限，并且不具备深度的思辨和证伪能力。因此，即使中国古代产生了强大的丰富的辉煌的技术成就，却始终没有形成有体系的科学和明确的学科。这就在很大程度上阻碍了中国社会的进步。受制于封闭的语言，语言的缓慢发展甚至是停滞，阻碍了思想的发展。

与之相对的是，中东和欧洲以及北非，它们之间的文明一直存在高度的交流并互相影响。它们被迫成为开放的语言体系、互相影响和借鉴。类似于逻辑和几何这样的学科和语言成分，两千多年前就已经在这些地区因互相借鉴彼此补充而形成。逻辑的发现和逻辑进入语言，是人类语言发展的一个重大的节点。在越过这个节点之后，语言的思辨能力和发展将加速，并且具备证伪的能力，还具备了发现谬误的自洁能力。

中国近代的社会停滞，其本质是语言的停滞。欧洲近代的发展，其本质是语言的发展。中国在近现代转折的时期，紧跟着世界的社会政治革命，推翻了封建王朝专制，进入共和时代，并且进行了一次深刻的新文化运动。这个运动最大的成就就是对汉语的改革和改造。大量的借鉴西方的概念、理论、名词进入汉语体系，丰富、扩展、升级了汉语的词库和语义以及知识体。同时，现代的逻辑和语法结构，被系统的引入汉语，完成了汉语脱胎换骨的革新。这一次汉语的改革，其意义不亚于第二次发明汉语。借此机会，科学民主等现代知识和思想进入汉语，并通过汉语进入中国人的思想和生活。这些都进一步推动了包括之后的共产主义运动等新的思潮和革命。

从这个时期起，汉语成为一个开放的语言，不断地吸收世界先进的科技概念，并且以词语、概念、理论和书籍的方式进入汉语世界。客观地讲，世界近现代依赖的科技，中国少有创造，这也体现在词语之上，那些新生的科技概念、理论和名词，大多是外部引入的。也就是说，汉语目前还没有成为一种向外输出概念的领先语言。这和中国的科技水准是一致的。

但是，尽管是这样的状况，汉语的开放性，和由此带来的对世界先进科技和思想的理解和借鉴，迅速地将中国变成一个发展迅猛，日渐强盛的国家和民族。尤其是在互联网时代，资讯瞬间传播的能力，使得汉语可以迅速跟进世界的发展，并不断缩短和先进思想、科技的差距。在最近的年代，中国自主的科技发展，已经有了长足进步，并且即将迎来一个爆发期。在经济之外，源自于以汉语为基础的思想和科技，将意味着一个曾长期辉煌的民族的真正复兴。而这首先得益于汉语的开放，和对世界的语言和科技思想的借鉴与学习。

汉语，在新文化运动中的新生，也伴随着这个民族和国家的新生。

在一个语言内部，其博弈与竞争也广泛存在。神权的语言，政治的语言，和民间的语言以及思想与科学体系的语言，也在进行着竞争博弈。保守的语言体系，也就正对应着保守的人群和势力，发展的更为丰富准确的语言，也正同构于改革和开放的人群和势力。言论自由，对于语言之间的竞争，也就是价值和规则的竞争是有益的。类似于生物进化的自然选择，社会选择会做出淘汰，将更落后或者谬误的语言淘汰。限制言论的自由，也就会限制思想的自由，也就限制科技和文化的自由。这在很大程度上，影响社会的发展。近现代取得巨大发展的国家和语言，都是言论相比较更为自由的社会。这不是偶然，他们之间有着巨大的关联。类似于中国的封建王朝和今日的社会之间的自由度的差别，这足以看出言论自由对于思想、语言和科技以及文化发展的影响。

现代的计算机体系和网络，也是在英语主导下建立的。而网络和信息科技之中，存在着无数重要的通信协议和计算机代码的标准，这些协议和标准，就是网络、信息设备的语言和语法的重要构成部分。对于这些协议和标准的控制，是利益重大甚至是具有战略性影响的。无数公司、国家，都在进行着这些协议和标准的博弈和竞争。在这背后，是围绕信息产业和网络以及未来的物联网和智能世界的主导权之争。美国作为计算机的发明国和信息化的主导国家，他们在信息协议标准领域处于历史性的路径依赖的主导地位。这既是其信息产业强大的历史原因，也是路径依赖产生的竞争优势的既成事实。即使日本的半导体产业曾经威胁到美国的半导体和信息产业，但是由于美国的标准以及协议层面的控制权的优势，使得美国经历这种强力竞争之后，依然保持着信息产业领导者的地位。

而未来的智能设备、物联网以及人工智能，无一不是一个语言和语言机器的问题。对一些组织和国家试图进行的垄断，和对这种垄断的打破，是信息产业重要的博弈领域。从本质上看，这是一种语言的战争。

至于人类之间广泛存在的个体的语言战争，组织之间的语言及其语义的博弈，广泛存在并且影响深远。宗教之间的教义的竞争，政治意识形态之间的语义的竞争，甚至广告之间的影响力竞争，无时无刻地在我们身边进行。只是，这种竞争，不仅仅是语言之间，也因为其主体的差异和变化，而变得错综复杂，甚至混沌。

现代社会，由于咨讯和媒体的发达，对舆论的影响和控制，也是很多利益相关组织和个人的战斗场景。从纳粹德国开端的"宣传机器"，整合政治、经济、文化力量，进行党组织和国家层面的宣传和攻击，大规模的传播控制和介入，甚至改变了历史进程。从臭名昭著的纳粹宣传主管戈贝尔的那句："谎话说一千遍就会成为真相"的名言中，我们看到了一种宣传的舆论战争的显化存在。这样的行为和现象现在在一些国家依然存在。

事实上，在之前的千年里，宗教之间也存在着这样残酷的语言战争。

围绕着真相，媒体之间，媒体与真相掩盖者，甚至真相（包括科学和思想）的发现者与利益对立方，他们的博弈也经常爆发并且残酷。例如，被烧死的布鲁诺（Giordano Bruno），他的科学发现动摇了基督教的神学基础，影响了基督教的统治地位，因而被教廷宣布有罪而被烧死。这就是语言之间残酷斗争的例证。

至于当下社会的网络媒体和自媒体，各种炒作和宣传，甚至是阴谋，也正是语言和其主体或者载体之间的博弈战场。一个人的知名度的价值等同于需要达到这样的知名度的广告宣传所需的费用，因此，用丑闻和绯闻进行炒作这样的廉价手段，就成了获取知名度成本最低的快捷手段和通道。互联网上集体无意识的丑闻传千里的人类文化弊端，成为这种机制的传播基础。因此，这种丑闻化的传播竞赛，正在不断地扭曲这种竞赛。很多语言的语义，也在这种失控扭曲的语境中被扭曲。

但是历史具有巨大的力量。

时间和社会选择，将不断修正语义和淘汰谬误和谎言。人类的历史上，每一个断面都充满丑恶。也同时存在着巨大的善意和进步。尽管一些时代更坏，但是人类历史总体的发展轨迹，是不断地在理性和科学的发展推动下走向更理性和文明。人类总体上在不断地走向更多的善意和合作。

竞争和博弈将永远存在。语言在其中发展。而身体的暴力冲突，包括战争，也同构的具有语言层面的性质。行动是语言，语言驱动着社会行为。

十一　语言网络与知识体网络

　　你正身处于一个网络的世界。这个网络古老庞大。自奇点大爆炸以来，整个宇宙就是一个整体的网络。海量的基本粒子和原子以及化学构成物包括星体，它们受到基本的四种作用力的影响，这四种作用力分别为强作用力、弱作用力、电磁力和万有引力。它们分别排斥和吸引，将最基本的物质组织在一起，它们的作用力范围和性质不同，将世界组织成一个彼此联系影响的网络。

　　这四种作用和基本物质，是世界书写的最基础的材料和语法。它们层级建构，形成原子、分子、星体，以至于用有机物构建了生命。

　　在生命的内部，也是一个网络。以水为重要的载体，无数分子和蛋白质在液体中进行组装和分解。早期的生命主要存活于液体之中，海洋是生命的源头。这种液态介质的存在，使得有着丰富种类的复杂有机分子和蛋白质可以被移动运送和结构。在液体中运动组装，解决了生命所需的新陈代谢的物质和能量的运动问题。并且使得这个建构过程可以持续并发。多种分子和素材可以同时建造所需的机体组织。这样的高效率的结构方式，或者说制造方式，其柔性和效率远超人类的工厂。

人类和其他高级动物的祖先也来自海洋。在登陆陆地之后，这些动物的皮肤或者外壳组织，成为保存水分减少水分流失的重要的边界。在皮肤之下，人类的身体 70% 都是水，人类是一小块海洋。以皮肤为边界，人类的骨骼和一切组织都浸泡在液体里。这是生命的秘密，是自然能够演化出生命的重要机制。美国航天局，在太空中探索寻找类地行星，所谓的宜居星球，就是在寻找具有液体和大气的星球。今日的 3D 打印制造，比起生物的液体内四维的制造，效率还很低下，复杂度也远远不及生命内部的建构和制造。

生命体之内的液体，也就成了一个化学系统的网络介质，并由基因和酶，以及激素，作为蓝图和指令，控制着内部的千万种化学反应和结构。

高级动物体内的神经系统，更是一个和人类制造的网络极为相似的网络系统。神经网络进一步控制着身体的各种运动和内分泌，并对自身和外部做出反应。这些体内的存在和事件，都是一种语言现象，也是一种本质上的语言。它们以不同层级的主体（物自体）混合成类似于人类社会一样复杂的网络和语言系统。细胞渺小如人，不同的器官如同不同的行业集群，血管和血液如同交通物流运输，神经系统如同人类社会的通信网络。从另一个角度，我们也可以看出社会具备生命的很多特征。而网络，也是语言现象和语言存在。

人类构建的社会，一层层的组织，形成浩大庞杂的网络。这种组织形式离不开通讯和协调。猩猩的基因和人类的基因差别不超过 3%。猩猩无法组建高级的社会组织，活在族群之中，规模只有几只到几十只。从技术的角度看，猩猩没有足够的词汇和语言，猩猩的语言简陋，其个体的智慧和意识，以及群体之间的交流和协调，都无法构建更大的组织。人类早期的族群也是这个规模。只有当类似于艺术这样的语言出现，反映出现代人类的语言已经发展到一定程度之后，人类才能构建出更庞大更复杂的社会组织。部落不超过 300 人，部落联盟达到万人规模，再之后出现国家。

我们无法想象，我们失去了文字和语言，国家是否会崩溃。至少，笔者认为当我们都是哑巴时，语言能力大幅退化，我们的社会无法支持当下，不要说发展，维持已经不可能。

人类的语言，是分布存在的。每一个使用某种语言的人都是那种语言的一个实例，一个网络终端，一个自媒体。语言存在于使用者的网络体系中。它的继承和变异，都来自于每一个使用者的参与和使用。因此语言不断继承并更新，类似中国这样的国家，它引以为傲的历史事实是，它的朝代更替过很多回，甚至曾被游牧民族短暂的征服，但是，汉语却一直在继承、变异和发展中延续下来，以汉语为载体的文化因之历久弥新，许多中国人骄傲的认为，他们的文明是四大文明古国中唯一连续没有中断的。就语言和基于语言为基础的文化而言，这样的看法是成立的。

基于语言基础形成的类似哲学、科学、思想和经验，成为人类的知识，也是语言的新的内容。知识包含了概念（词语），理论（句或者论文），体系（学科或者论，或者书籍）。知识和语言同在。知识在语言的网络中发展和保存以及被传播。我们将知识作为一个集合，称之为知识体，知识体是语言同构的产物和伟大结果。

今日的世界，已经不再有人能够成为一个百科全书式的知识个体。

人类的知识已经太过庞大，知识更新的速度也是呈指数级的增长。在100年前，一位欧洲的学者悲观的宣布，自己是最后一个全科的学者知识分子，他预言了今日我们的知识体系庞大而破碎，人们都只能掌握知识的一部分碎片的情景。但幸运的是知识是网络化的，现代的网络技术和广泛的网络使用，以及知识的网络化传播，改善了这种危机和困境。我们和自己不了解的知识，只差一个有网络连接的屏幕。这也可以看出网络的巨大的价值和功能。每一个人都可以连接在网络上，知识体和语言作为一个整体的网络和我们比邻而居，我们每一个人都随时可以通过连接而获得知识体的支持。

而我们和社会的交往，生产和商业的组织，都是一个语言现象和过程。我们之前已经论证了实物和行动的语言属性。我们和社会之间存在广泛的语言联系。我们身处语言的网络和知识体的网络之中。我们自身也是网络的一部分。

有趣的真相是，近日我们所说的强大的互联网，并不是真正的独立的发明。在千百年之前，人们的交通系统，建筑的地址和唯一的地理属性，语言，交往，书信系统，古老的物流和交通以及人的流动，形成了古代的互联网。只不过，那个网络，媒介是人，网路是道路交通。而今日的互联网，是基于电子计算机的电缆网络和光纤网络，是以电和光为媒介的纯粹信息互联网。这个互联网，也正在试图通过智能手机和其他智能设备，将人和物都连接在其上，并且优化物流和交通。但是这个互联网核心层是电子信息化的。通过光电以三十万公里每秒的速度传递信息和语言。

伴随着宇宙的演进，我们可以理解它的演化的几个过程，从物理语言时期的作用力物质网络，到化学网络，到生物网络，到生态网络，到人类社会网络，再到今日的全球互联网和物联网，网络一直伴随着语言的演化而演化。而网络在本质层面上是一种语言系统和语言系统的结构方式。

第四部分 世界的语言建构

十二　场景、对象、符号、角色与主体

　　我们生活在场景之中。场景充满了对象。很多对象可以被符号化。对象中的一些，当我们将之视为主体的时候，它是一种角色。

　　主体，我们在前文中分析过，一切事物互为客体，也自为主体。由于人类具有独立的自主意识，因此，人类的主体是一种超级主体。人类几乎将自己作为唯一的主体。当然，人类也可以将自身作为客体观察研究。当我们在自己的意识中，将一个客体赋予一定的主体性的时候，它就成了一种被认可的主体。在艺术中，尤其是文学和戏剧中，人们经常为无意识的对象，赋予生命、意识和行动以及言语，并由此完成拟人。

　　人类通过对象、符号、角色分析场景，在这几个结构上获得直观的感受并解读语义。不论是戏剧的设计，还是犯罪现场的分析，抑或着对于艺术的创建和欣赏，这些对象、符号、角色和场景，以及它们之间的关系，尤其是它们之间的冲突，成了更丰富的叙述，戏剧性就正是对这种冲突和冲突转换的表现，戏剧和文学的魅力更多的是对这些对象之间的关系的表现。

　　在今日的生活里，世界上一半的人生活在城市。他们的生活场景，几乎沉浸在一个人工环境的情景里，城市情景的对象繁杂丰富，符号泛滥，角色众多，人们也于其间承担和扮演多个角色。

对于很多实体复杂的对象，甚至是变化发展的对象，人们习惯使用符号化的方式看待。这种符号化类似于一种标签，它是人们快速理解记忆和识别对象的一种便捷手段和等价物。这个过程，人们可以不关心对象的细节而迅速建立判断和策略。而符号化或者说标签化，也正是很多歧视和误读的原因。

符号化是神奇的。

货币是最典型的符号。诺贝尔经济学奖获得者，著名的经济学家、思想家哈耶克（Friedrich August von Hayek），曾指出货币是人类的最伟大的发明之一。货币没有使用价值和意义，但货币是一个量化的符号，这个符号指征着价格，成为千万种货物和服务之间进行交换的度量和介质。在今日，这种符号的地位和意义，已经无所不在。甚至在正统的宗教之外，"拜金（货币）主义（教）"成为一种被很多人信仰的信条。货币也因之上升到"图腾"的地位，甚至更高。符号被特殊化，被神圣化和禁忌化，形成了图腾。类似的第二次世界大战中的德国纳粹的万字旗，就是一种现代社会的野蛮图腾。

在现代的社会，公司和产品也被商标化、符号化。尤其是文字和图形商标，成为区别其他产品，诉求自我主体存在的重要方式。虽然这种方式在原始社会的图腾和中世纪的家族徽标以及军队的盾牌上都已体现。但是，正是近现代的工商业和市场经济，将标识通过商标的方式推向了广泛的存在。并且成为现代社会的重要组成部分。世界上，最优秀的几千家企业和其商标符号统治了世界的经济。而它们的商标符号，成为强力的存在。

以三星和苹果为例。三星公司的标识为文字"SAMSUNG"，这个商标和符号，仅仅具有标识和识别的作用。而苹果公司的商标包含了"Apple"这个文字标识和缺口苹果图案两部分。Apple 具有事物原型，在自然中存在，因此具有明显的对象性和形象性。相比之下三星的标识是一个抽象的无意义、无形象的符号。同时，由于苹果的图像商标，是一个缺了一块的苹果，这是一种叙述，一种描述，甚至隐含潜台词"谁咬了这个苹果？"这样的深度语义。因此，这个苹果构成了对象和主体，并且隐含了咬了这个苹果的"谁"，指向了不在场的第三者。这甚至构成了隐含的可想象的空间和故事。事实上，50% 以上的苹果用户都会好奇究竟为什么那个苹果缺了一块。并且，在网络上有着大量的关于此疑问的搜索。在一些互动问答的网站上，这样的问题和回答众多。在这样的叙述面前，用户和这个虚构的商标完成了心理和情感的互动，也因此，其更容易获得用户的认同，甚至建立情感的联系。

苹果的商标，它的文化属性和其优秀的产品设计以及性能，凝聚了很多用户的喜爱，并且因为其商标的"形象及物"，具有语义叙述和故事，而成为一种文化现象。苹果公司一直都拥有铁杆的粉丝，随着苹果手机的辉煌发展，它的粉丝越来越多。苹果的"被咬了的苹果"图案，也成了一种类似图腾的符号存在。

近几十年兴起的行为艺术和装置艺术，也是这种对象、符号、情景加上行为的叙述。这是一种沉默的无声叙述。类似于哑剧，但是离开舞台，进入现场和环境情景之中。行为艺术以人、行为以及人和情景中的对象的关系为叙述核心。装置以无人的情景和对象叙述。它们都可以脱离传统的绘画、雕塑和文学的语言对白，完全使用人自身或者现成物品进行叙述。

所有的艺术，在高级的阶段，都会走向叙述，在叙述中呈现冲突和戏剧性，以及精妙表达的诗性。

人类的思维和语言同构。人类和语言共同成长。将世界对象化、符号化、角色化和情景化，是人类形成的一种认识世界的结构方式和认知特征。尤其是在生活和世俗世界中，这种层级的对象的组织方式，可以极大地简化对周围环境的识别的判断。在进化的历程中，这种判断尤为重要。在凶险的远古环境中，人类需要迅速的对象化识别，判断周围环境是否安全，并制定出捕猎的决策。只有这种具有概括的对象化、符号化的认知，才能提高人的思维速度并有利于其快速分析。在四万年前的西班牙洞穴岩画上，我们可以通过证据确凿的古人的绘画，理解和认识到那个时代的人类是具有对象化甚至进一步符号化的认识能力和概念。那些岩画上的动物形象，就是这种思维的外部呈现。

人类的科学研究，也是一个不断地将外部事物对象化、符号化的过程。人们将环境分解成很多对象和独立的事物看待和研究，并进一步将对象和事物拆解，分析理解更细微的子对象，这个过程还在不断进行，整个物理世界对于世界物质结构的研究就是如此的过程。在这个过程中，对于不同对象子对象的命名和符号化，也正是语言建构的主要内容。

高级动物也有类似的对象化认识能力，但那种能力停留在比较低级的状态。

十三 本质、现象与语言

人类的智慧，在不停地追问，世界是什么，我们是谁。人类想要知道世界的本质。他们试图理解一切，包括自己。

因此，哲学将本质这个概念提出，并且和科学一起，展开了几千年的追问、思考和解答。为什么有死亡？太阳星辰是什么？海有多大？为何鱼在陆地上会死亡？为什么四季变迁？病痛究竟是什么？

原始的人类根据小小的经验和有限的知识体，用想象和经验解释世界。巫术和神话，成为他们的猜想和传播那些幼稚思想的结果。

哲学登场的时候，逻辑和一般的思维方法已经被人类掌握。他们根据很多现象，采用比较、联想、归纳、推论、证伪等思维方法，尝试构建对世界的整体性的理解，对细分的对象层面之下的本质的认识，以及寻找世界的生成和变化的规律。

认识和知识的积累是一个循序渐进的过程。人们试图知道世界的结构，人们猜想并努力验证，试图寻找规律。当本质作为一个概念被明确之后，对于本质，我们往往有很多错误的假设。如果，一种被神学化的先天的本质论，以先验的方式被确立或者传播时，就会对我们的认识形成巨大的干扰，甚至是束缚了新的思想和认识。

类似于美学，人们假设美是一种先天的先验的存在和本质。而美是一种审美体验。审美是存在，恒定的绝对的美，其实是不存在的。当把美这样一种属性和感受作为一种存在的"物"化的对象思考的时候，不论是美的概念还是本质，都被误导了。审美是有规律的。能够引起人的感受和快感的形式是有规律的。但美不是一种被确认的唯一的可重复的物质结构。审美疲劳足以推翻那种将美作为一种确定形式的观念。

类似中国古代的阴阳学说，阴和阳只是一种相对的属性，并非本体。但是古代汉语的语言属性，将这种概念"名词化"也就是"物化"之后，人们以为阴阳是一种物。

语言的漏洞，和逻辑思辨能力的不足，以及积累知识的有限程度，导致人类存在着对很多事物整体性的误解、误读和误传。对于本质就是如此的解释，大量的先验的概念在神学的裹挟和威胁下，成为思想的主导者。当然，这个过程也存在很多不断累积的新的认识和发现。

因此，在近现代的科学兴起之后，人类发现了很多新的物理事实和现象，同时也带来了很多认识和哲学层面的冲突。甚至一些学者提出，悬置本质，回到现象，从现象出发，研究现象本身。

本质是一种形而上学范畴的概念，而现象是形而形的问题。现象是我们可以感知和验证的，而先验的本质，很多并不能被验证。因此，在一些问题上，现象本身比起先验的本质，更可信赖，并且提供研究的对象和材料，以供思考和分析。

但是本书想要提出的另一个问题，是人们所观察到的现象本身，也往往并不是现象本身。其中存在谬误，也存在疏漏。同时，人们观察现象是一个使用了语言和观念滤镜的观察过程，人们并不是忠实于现象的所有细节，而是按照已经被语言化、观念化的语言的滤镜在观察世界。

忽视，谬读，被已有观念和语言滤镜干扰的观察，都影响了我们对于现象的观察和理解。甚至，大量的不能被已有概念和语言识别的事物，使得现象纷杂混乱超出人类的理解能力，更使得对现象的观察、发现和捕捉效率低下。

现象，也存在大量的子现象，很多现象混杂在一起，形成整体。就如同我们理解信息为物质能量的变量，现象也存在着变量。我们在不同的现象的变量中，才得以拆解现象，我们通过现象中的变量这种小小的子现象（变量）逐步的局部的构建认识。在这个过程中，现象的变量不断被发现和标识，并被概念化和词语化。在一定程度上，人类词语的来源，就正是将人类最初观察到的世界中存在的变量符号化。也就是说，我们通过现象的变量而不断地拆解现象，并不断将之概念化和词语化，由此构建了很多细分的现象的语言模型。而当我们观察新的现象的时候，总是会用已有的语言模型排除已经理解的现象，从而发现未知的现象的变量或者子现象，再找到新的现象碎片，并且展开研究。

作为主体的人，已然是被语言化的。他对现象的观察，也是一个语言化的过程。找到未知的现象的变量，分析并进一步将之语言化，并且研究它们之间的关系。人类对于世界的现象的观察与理解，伴随着语言的发展。就如同一个人学习外语。对于完全不懂外语的人来说，学习外语，就是一个不断地将新发现的不认识的外语词汇，使用自己本身的语言去理解和标注的过程。

因此，脱离了语言试图回到现象来理解现象本身是艰难的，甚至是难以深入的。在人类的认识论中和认识的过程中，本质，依赖于对现象的分析和理解，而现象依赖于词语的标记、累积与拆解。在这个过程中，现象和本质都依赖于语言的解读。现象也依赖于语言的注释，而本质，作为一种形而上的概念和范畴，只能通过语言建立模型，以语言模型的方式理解并标记。

现象、本质、语言，三个范畴和领域，构成了认知和认识论的核心。而语言于其中的重要性，是自现象学之后需要被重视的领域和范畴。只有它们三者互相比较修正，认识和知识才能得以发展。忽视了语言本身，现象就是一种混沌的现象。词语和语言，就如同一盏盏灯，在认识发展中不断被点亮。被点亮的词语和语言照亮现象世界，而本质在词语中被还原它的意义。人类的知识发展过程，就是不断地将现象的变量词语化，点亮词语，让更多的词语照亮更多的现象的细节，如此不断扩大词语的密度和广度，将世界照亮的过程。这个过程，本质将被词语和语言的模型建立并不断修正。

我们并不能真的使用感官感受到本质。作为一种形而上学的存在，本质在和现象的对应的可解释、可重复、可预测、可证伪的关系中被相信或者确认或者证伪抛弃，而现象依赖着词语和语言被解构建构，并不断被语言所描述，所捕捉，所分析和重构。最终，本质作为一种不可见的被描述的存在和规律，在语言中以模型的方式显现。

由于一些语言，不能区分实名词、虚名词，和由属性这样的非独立存在非物存在的转换来的名词，经常会带来认识的混乱和误解。因此，一些有着丰富的语言结构，主被动关系，时态和格，以及名词、动词属性被符号化标注的语言，它们对现象的还原和分析能力更为强大。类似英语和德语，就更容易引发观察和思考，以及分析。与此相对的汉语，在这方面存在着缺失和缺陷。这种语言在认识论的层面上存在需要改革的诸多问题。

与此同时，世界本身存在的很多形式和属性，甚至很多事物之间的关系，是一种抽象的存在。这种抽象，本身是不直观，甚至是不能被感官直接感受到的。那么，抽象的存在很难用实在事物的方式呈现并被读取，也因此在现象层面无法显现，或者无法直接显现。甚至于一些显现需要漫长的时间和混沌的体系，因此，在认识层面上，人们用语言构建了指代，这是语言的巨大优势和作用。人们构建了诸多词语指征一些抽象事物。例如，之前诉说的美，还有类似的善与恶，甚至进化这种时间极为漫长的现象。

以维特根斯坦（Ludwig Josef Johann Wittgenstein）为代表的哲学的语言学转向，就是意识到了语言本身的巨大意义，他怀疑哲学、科学和语言的关系，试图重新认识语言，这也是将语言视作哲学的母体的一种学术转向。之后的学者类似福柯（Michel Foucault）和波德里亚（Jean Baudrillard）等哲学家、思想家，都在很大程度上介入了语言哲学。本书的研究也借鉴了这些前人的学术发现和方向。并试图进一步在更宏大的范围完成语言学的梳理和整合，以及梳理整合和语言与其他学科之间的关系。

现象、本质与语言，对这三者整体的研究和考量，是进一步理解世界的重要支撑。爱因斯坦有句名言："这世界上最难理解的就是我们居然能够理解"。本质论，现象学，都不能足够的理解和解释我们的认识过程和认识方法。语言学作为另一个重要的支撑，初步构建了能够循环渐近的认识和路径。

我们以为的本质，不过是我们的语言进化的一部分，伴随着语言的进步和发展，对本质的认识也在不断地更新和进化。"本质"是一个伴随着人类的研究和语言共同进化的知识体的深度或者基础的解释。它关乎存在，存在的方式，物质的结构，世界运作的规律。它关乎人类对于这些事物和认识的意义以及实质的解读。其中，一些"本质"是绝对的。另一些则是相对的，它在被不断发展和修正。

人类对现象的研究，是一个类似微分的不断地拆解、研究、定义、命名的过程。而在另一方面，人们使用语言反向的研究积分现象和知识体。现象是在不断语言化的过程中被第二次显现的，只有这种现象才能够进入意识，而本质在一定程度上是现象的语义。语言建构了现象和本质的模型。语言也阐释了或者定义了其语义。这种词语的语义，在不断逼近存在的语义，也即是本质。

一些本质和存在被证实，而一些被证伪。语言和科学通过不断地假设和证伪，更新、扩展认识和语言。人类的认识，正是基于现象、本质与语言三位一体的系统存在。

著名的学者波普尔（Karl Popper），曾提出对世界的三个划分：第一个世界，本来的世界；第二个世界，精神世界（我们以为的世界）；

第三个世界，知识、观念、科学的世界。显然，本质就是他所提出的第一个世界。而我们的语言系统是第二个世界，现象的世界也同构于此。第三个世界是从语言中独立出来的科学语言和理性语言。

十四　语言的世界与符号拼贴的仙境

　　自然的世界自己建构了自己，在自然的法则之内，在物理范围的四种作用力的共同作用下，物质能量聚合转变，形成了自组织，那些可以复制自己的自组织，成为生命。人类在掌握了足够的知识，也就是理解了自然语言的一部分之后，创造性的构建了前所未有的物。人工物，探索了自然语言可能的新的结构形式。但一切的人工物，都在自然语言的边界范围之内。当然，在语言层面，人工的语言中存在着超出自然语言边界的表达与语义谬误，甚至是人们知道其不真实但愿意相信的假，例如，童话。

　　自然世界和人工的世界叠加在一起，构成了语言的世界。这个世界庞大浩渺，我们也都只是身处其中的一种结构和相对独立的组织，即使人们进一步构建成更大的社会组织。当萨特（Jean-Paul Sartre）关心"词与物"的时候，他应该直觉地感觉到了语言和世界的复杂庞大的直接关系。

　　我们在庞大的语言世界中，进行一场拼图游戏。从支零破碎的感官体验和逐步累积的浅显认识开始，不断地用词语生成新的词语，用词语捕捉新的对象，用词语照亮认识这个世界，这是一个浩大的解读过程和拼图游戏。至今，人类对于物理最基础的部分，和宇宙的边沿以及之外，还有宇宙大爆炸的奇点以及奇点之前，没有足够的认识和理解。但是，在这个区间之内的研究，已经拼出这个世界的大模样。当然，关于人类可以创造的新事物的可能性，不可限量。未来人类在对自然进行解读和拼图的同时，构建的新的技术可能，以及所形成的新的人工世界的新的部分，也并不是可以明确的。因此，科学幻想和未来学，就在进行相关的想象和分析与推测。

这是一个神奇的世界。当我们能够离开经验所依赖的"物象"和现象的惯性思维，理性的用语言的观念理解世界时，这个世界抽象而理性。无数层级的词语和语法以及结构，从最基础的物理学层面，构建和叙述了世界，并且这种构建和叙述将继续发生，甚至人类可以预见太阳的死亡和宇宙的死亡。

贯穿自然的存在，生命，人，人类的科学，人类的艺术甚至是巫术，以及人类对未来的想象与分析，唯一的线索就是语言。语言是这一切自然与人工，真与假，甚至于人类自身的全局性的存在要素。这也是引起笔者对于语言的重要性的察觉，以及研究语言并使用语言来研究世界的原因。语言几乎是这一切之间的唯一的公共子集。从另一个角度理解，就是语言是这一切的构成基础和方式。

我们探讨了语言和符号的关系。我们身处符号的世界里。自然世界的符号系统辉煌神圣，真实而确定。人工的世界，人工的符号系统，则更多的带着多义、多变、虚幻和快速演进的成分。人类的符号比起自然世界的符号系统更不稳定，在快速的演进中，如同无数的符号生死明灭和闪烁。我们构建了一个广大的，跨越了物质和感官，真实与虚幻，正确与错误的文化符号世界，尽管这个世界以人工的物为基础，但是软性的艺术和文化以及行为方式，则附着在这个物系统的基础之上，它们互相纠缠影响，构成了亦真亦幻的符号的"仙境"。

著名的学者波德里亚（Jean Baudrillard），发现和尝试分析了这种文化现象。他将这个媒体文化构成的经验世界称之为"数码的仙境"。他着重研究了数码媒体时代的"仿真"或者"拟真"。因此，仿真或者拟真的幻象，和真相叠加在一起，甚至在一些情境里替代了真相，数码的媒体世界，真和假同在，艺术和现实同在，形成了符号消费的"仙境"。人们更沉迷于语义的构建和消费之中，心灵和精神则迷失在这种"仙境"或者"地狱"里。

品牌；形式；模糊的关于欲望的隐喻与指涉；以及语义的跳转。这都导致人类生活在比真实的物更难把握的一个符号迷宫和丛林之中。

今日，电影借助电脑动画超越现实的创造出超真实的假；电子游戏超写真的情景表现和影像构建；艺术的潜意识叙述；奢侈品的权力与性的隐喻和其夸张的表现；以及人们在社交生活中习得的多角色扮演。人们的认知被从自然和人工物的层面上，拖入了语义和符号的变换以及隐喻的谜团里。

罗兰巴特（Roland Barthes）等学者试图从结构中分析寻找语义的真相，萨特（Jean-Paul Saytre）试图通过对知识和词语的考古寻找符号的历史和真实意义。是的，除非回到语言的最底层，并建立整体的语言观与语言系统，否则，面对媒体化的人类世界，拟真的幻想，物的隐喻，以及传播时代的传播扭曲和噪音污染，大多数人会迷途难返，并在误读的世界里成为误读和误为的另一个自己。

就如同不同的宗教信徒之间的互相误读与自我误读。就如同不同文化之间的歧义与不解。这个多元的时代，庞大的媒体以及自媒体的空间，将造就更多虚幻的假象和自以为是的小世界的存在。无数人的心灵在其间安身立命。他们生活在经验和理性的支撑下。但是，理性在这样的世界之中，需要学习和研究太多的知识。这就造就了一种尴尬的场面，在人类整体的知识更加强大更加科学更加理性的时代，大部分人却不足以构建出足够的理性面应对这种符号丛林的仙境幻象。

这种情况并不能阻挡人类整体的科学、理性的发展和进一步成长。但是，更多人需要依赖艺术、电影、音乐、时尚和消费，感觉到自己的存在，或者放大自己的存在感。这在很大程度上影响了媒体和传播，时尚和集体无意识。我们可以从社会的传媒和流行文化中，解读出很多这种集体无意识的内容和细节以及趋势。

这种仙境的幻觉，带来丰富的前所未有的体验，成为心灵和认知活动中的新的内容。但是，这种仙境和整体媒体化的"他人"的世界越来越强大，它正在造成个体对世界和自己的不断地误读与迷失，也造成更多更广泛的精神病态。因为，我们的认知出现困难。这个世界制造符号，并传播符号的隐喻和转述，误读、误解在媒体的泛滥和传播中被放大并且扭曲。真相，已经比拟像和幻象更难以接近和观察。当然，这是指人文的精神层面和社会化的价值与意义。

相形之下，纯粹的自然语言和科学的研究总是理性，并且很少被干扰。自然科学成就的确实性和证伪的机制，使得自然语言越来越丰富且清晰。而人文艺术和社会价值的语言，却更加混乱并充满噪音与干扰，也因此充满谬误和误读。

在一个典型的现代生活场景里，广告，建筑，媒体，网络和自媒体，在不断地进行着传播和话语。物质也不断地披上符号和商标的外衣，其形制和符号系统不断地继承和重构历史形成的经典形态和符号。形态和符号不断被转述和重构，其中的意义发生着继承与漂移甚至颠覆。现代女性依然和几千年前甚至上万年前的女性祖先一样，热衷于手臂上的挎包，就如同祖先的女性挎着篮子热衷于采摘。而男性手中的手机，一如权杖，而权杖则是古代的先祖手中武器的仪式化表征。不少学者曾致力于这些符号的考古和研究。伟大的、出版于 100 年前的《金枝》（The Golden Bough: a Study in Magic and Religion）一书，就是经过广泛的调查和分析，研究宗教中的符号和习俗的意义，以及从古至今的演变和重构。

对于当代的人们，很多古老的符号和意义潜伏于现代的设计和物质之下，知识的隔膜，如同迷雾，让这种符号的仙境和数码的幻觉扑朔迷离，而绝大多数的人毫无察觉。就如同纳粹法西斯核心的口号和价值体系，就正是两千年前罗马的法西斯主义的翻版，而构成罗马的古典法西斯主义的标志"被木棒簇拥捆绑在一起的斧头"形态，其核心符号斧头，作为权力和暴力的符号，在人类社会中已经存在几千年。今日，其依然有着其本来隐含的语义。在古代战争中形成的视觉识别系统，例如，族徽和国徽或者国旗，其因为在战争中被用于盾牌而区别彼此。而由此演变的盾形符号，依然被今日的警察、军队，以及类似橄榄球队、足球队等半军事化有暴力性的组织所热衷和采用。由此，我们也可以理解福柯（Michel Foucault）所谓的知识考古学的意义和重要性。

人类创造的语言和符号以及物品，一直存在着演化进化。其间的符形和符意也存在替换和更迭。识别和分类这些语义以及语义的变迁，是对历史真正的梳理。而社会学家和符号学学者，可以从社会的广泛和异化的符号和行为中，解读出大众的集体无意识，他们和他们时代的热点符号紧密相关，彼此塑造和选择。如同日渐开放的商业社会，性的符号和暗示无所不在的侵入到媒体、广告和日常之中。从禁欲主义的包裹身体，遮蔽性信号，到今日的着装和时尚主要是释放性信号的这种转变中，我们可以读出时代的道德和美学的变迁，以及人们潜在的内心世界。

第五部分　理性和非真

十五 巫术、艺术与科学

人类的思维活动中，有一个很重要的因素就是联想。它可以将很多事物关联起来。巫术、艺术与科学，看似风马牛不相及，甚至充满了矛盾冲突，但是它们有着共同的起源。

《金枝》一书深刻的探讨了巫术和宗教的起源与发展。作者发现了巫术最初的基本原理，源自于人类联想的朴素的因果关系。例如，和生病的人握手接触，如果那种病是有传染性（原始人不能区分）的，接触者就容易生病，人们因此建立了禁忌。与之相反的，和幸运的人接触，就可以因接触幸运而获得幸运。这种来自于经验和直觉的关系，并不是确定和必然的。显然，原始人类的认识能力不足，但是一定概率的相关事件的发生，足以让他们产生一种相关性的关联，并迷信这种关系和观念。例如，红色的颜料类似于血，可以给人勇气，或者黑色的食物，可以让人的头发变黑，这样的相似性，也被原始人类注意到，并相信它们的必然联系。他们的错误在于，把部分相关、偶然相关的要素以为是必然相关。

因此，巫术是盲目地将偶然当作必然的，并且由于没有逻辑，不能够归纳、推论和推导出需要验证的命题，也就无法证明其错与对。而偶然的正确实践，却会增加这种迷信的可信度。更多地无效的结果，也可以被巫师解释成各种不相干的因素的干扰。例如，指责当事人不诚心等。

巫术，其本身的理论是玄虚的，并且自身回避逻辑，因此不可证伪。在巫术不断地发展成为更有体系的神话和宗教的过程中，巫师构建了更多的故事和更多的理论，并通过这些来解释为什么结果不是大家想要的。这种体系的理论，建立在完全无法验证或者不允许怀疑和验证的前提与基础之上。甚至在这种虚妄的基础上发展出的理论，具备了自洽的或者闭环可以互相解释的系统。这就使得宗教作为一种世界观和人生观，与其携带的古老的巫术遗产一起，长期统治了很多人的精神世界。

这种巫术，至今残存在人们的生活习俗和语言，以及行为方式之中。例如祝福和诅咒，还有很多民风民俗。

佛洛伊德受到《金枝》的影响，研究了图腾和禁忌。他认为人类的文化存在三个体系，巫术、宗教和科学。

艺术和巫术有着紧密的相关性。早期的艺术甚至是巫术中的一部分，例如，巫师的舞蹈、唱词和画符。人类早期的绘画、塑像和巫术有着同构与共生的关系。

艺术是经验的，表现的，甚至是超验的。艺术在随后的社会发展中，不断地具备了其他的文化功能，并和巫术慢慢分离。但艺术和巫术之间存在心神相通和类似的精神作用。

艺术和巫术，都是一种非真的，以拟态或者拟像（拟音）的形式的语言体系。随着艺术和巫术逐渐分离，艺术越来越具备世俗的功能并成为世俗文化的重要部分。当然，艺术也一直都在为巫术和宗教服务。例如，欧洲的中世纪艺术几乎只为宗教服务。艺术在随后的世俗化的过程中越来越独立，它的感官的语言叙述也发展地越来越丰富，并成为人类在宗教活动之外最重要的精神文化载体。伴随着艺术的世俗化，以及艺术自身语言的深度发展，其形式和叙述也开始逐渐远离宗教和巫术，艺术被更加独立的对待。这种独立性，尤其是逐渐地非宗教化，使得艺术慢慢被人们理解为一种非真的语言和文化形式，一种拟像、拟形、拟态、拟音的精神活动，这种"假"的确立，建立在人们不再需要将之以为真的基础上，并成为纯粹的符号叙述。公众在潜意识层面意识到了艺术的非真，艺术不再承担直接的欲望和意愿的诉求。

与此对应的是巫术和宗教，它们依然是需要受众相信它作为"真"存在的一种"非真"。并且宗教和巫术依然承担着人们的欲望和意愿的诉求。

随着对光学、透视、色彩以及音阶等技术的研究，还有科学的介入，以及科学对很多文化和认识的改造，艺术已经成为一种感官叙述。艺术成为纯粹的符号和语言系统。尽管，艺术有时依然被用于对特定对象和情景的拟真，或者仿真，但是，拟真和仿真，就正是约定了它的非真。也就是说，艺术从近现代以来，在文化层面上作为一种公共概念，已经存在了一个默认的共识和前提，即艺术是一种非真。尽管一些艺术有着真切的素材，但它的叙述和语义才是它的核心而非材料。与此同时，一些化石和文物也具有很高的艺术和审美以及文献价值，艺术作为属性存在于它之上，那种艺术属性依然是一种语言现象。

　　艺术提供了感性的直觉，和直觉的元思想。艺术本身的逻辑有限，不能够进行丰富的分析和深度的思考。但是，它具有将一些思想感官化、戏剧化、直观化呈现的能力。并且，艺术的感性思维和形象，可以成为一些科学思考的发散思维和猜测的假设，成为科学显化抽象结果，并且开拓假设以及想象的途径和工具。

　　科学的源头，也和巫术、艺术同源。但是科学依赖着文字语言作为基础，以及文字语言中的逻辑。逻辑和语言结合形成的分析语言，具有强大的抽象、概括、归纳、推论、验证的能力。因此，科学和理性，在原始和简单的基础上，不断发展，它是建立在很多和巫术中相似性、相接触的关联性，以及朴素的因果基础上的无数的假设。这些假设，本质上和巫术的假设并无区别，但是科学存在的逻辑思考能力，能够不断地将假设转换为命题和推论，并不断用逻辑验证，用实验验证证实或者证伪。

　　正是因为证实或者证伪，尤其是证伪带来的新的假设和进一步的证伪，促进了科学和思想以及理性的不断发展。

　　当然，科学在不断压缩着巫术和宗教的存在空间，科学和理性，例如我们探讨的广义语言论和符号学，已经可以对艺术进行精确的定性，明了艺术的本质，并对其内容充分解读。科学和理性的发展，成为文明的更重要的主体。当然，艺术由于其对精神和感情的作用，也在不断发展。但是，艺术对于世界观、价值观的影响力在降低。艺术和宗教之间存在着紧密的内在的精神联系，并和形式相关。但是，科学和宗教是非此即彼的竞争关系。显然，科学早已占了上风，或者成为事实上的文化主体。

当然，一些宗教人士，依然拒绝接受科学。

宗教的问题在于其理论基础的虚妄与非真。这使得其整体的理论大厦构建在沙滩之上。在和科学竞争中宗教不断丧失精神领地，其很多失落的精神功能则不断被艺术所担当。但是，宗教语言内部的理论和逻辑，也在不断发展，其内存的关于人的价值和伦理以及精神情感依然丰沛。由于其广大的信徒和形式感，许多宗教成为公众的情感价值和伦理道德的代理者，也成为人们精神的庇护所。其保守的注重道德的宗教精神的价值诉求，对于世俗的纵欲的商业的世界和消费主义，以及人性堕落，也有着巨大的牵制作用。而科学技术则在一定程度上助长了功利主义和商业，以及纵欲的消费主义文化。

艺术在开拓人类的精神文化和情感体验，表现、抒发情绪和情感，以及创造深度的临界体验和超现实体验上，有着巨大的发展空间。以科幻电影为例，它可以带领我们体验未来的可能。艺术承担了很多宗教失落的功能。但是，一些艺术由于比较容易私有化，类似绘画和雕塑的唯一性或者稀缺性，因此这类艺术具有强大的商业效应，并成为一种奢侈品。这种艺术，在不断被它的收藏人群的美学和情感价值所影响。现代以来，以绘画、雕塑和装置为代表的这类可被私人收藏并商品化、奢侈品化的艺术，表现出了巨大的分裂。那就是资本主义以来，商业和资本造成的贫富分化，以及其造成的对社会和道德的扭曲。艺术承担着批判者的角色，而这些具有奢侈品属性的艺术的消费者或者收藏者，却恰恰是资本家和中产阶级。因此，当代的先锋艺术同时存在着对资产阶级的批判和邀宠，存在着深度的精神和价值的分裂。这种精神价值的扭曲，也就呈现在类似绘画的病态扭曲上。这种审丑的或者歇斯底里的或者绝望的或者抽象的艺术，却恰恰呈现了社会的集体潜意识和集体无意中的精神症候。

与之对应的类似文学和电影以及音乐歌曲，其商业化依赖拷贝，因此能被公共化廉价消费，并成为公众艺术而非奢侈品。这类艺术，整体上更具备大众的心理需要和普遍的情感价值。这类公共艺术有很多类似宗教那样的公共情感空间和叙述。但是，这种艺术也因其不断有着媚俗的和大众娱乐化的倾向性，以及功利消费主义的色彩而被扭曲。与之对应的奢侈品艺术，是一种隐含对媚权的倾向和深刻甚至矛盾批判的同构。这都是近现代以来，艺术不断商业化和传播竞赛的结果。

有趣的是，理性、思想和科学，却可以解释这一切，甚至解释自己。虽然理性似乎让大多数人感到枯燥和无趣。但是这正是人类成为更智慧更超越的物种的根本原因。一个社会的生活语言中，理性和科学语言越多，越智慧成熟；艺术语言越多，越浪漫多情；宗教语言越多，则越保守、朴素，也越注重道德。当然，那种古典的道德和伦理也有其历史局限性和压抑甚至反人性的部分。

这三大类语言同源，而各自发展，它们又都构成了生活语言的一部分。加上习俗和历史继承，生活语言也因之混杂庞大。但是依照我们之前所做的分析和判断，人类语言发展的决定要素，注定了是科学和理性语言。它是语言进化的最强的动力和核心的建构。但是，如果我们可以将时间轴加快或者变慢，我们可以看到人类世界如同巫术或者艺术一样美妙。从鱼爬上岸，到在陆地上分化演进；到人类的祖先栖息于地洞；

到他们爬上枝头；到他们下地生存，双足直立，解放的前肢拿起石头；到他们钻木取火，构建城市，发明货币，彼此分工交易；到宗教之间，国家之间的对立，类似于希特勒那样的人出现，咒语一样的讲演，使人们像中了巫术一样陷入狂热，以及末日核弹的光芒。人们对流行的一切着迷，也对自己着迷。有时候，语言进化和那些历史的强音正如巫术一样神奇。就如同圣经、古兰经和马克思主义，那些经文和理论，改变了无数国家和无数人的生活和命运。而这一切，却像一个史诗神话，像一部无与伦比的戏剧。而在不明就里的人们的眼里，那些伟大的科学奇迹，也正被他们视为巫术和法术。

现代人如果能穿越回到埃及，或许会被他们视为神。语言和人类的进化和发展，就正是一部神话。而对于我们，未来的似乎已经可以看见的人工智能的智慧机器物种，也更具神的特征和趋势。当然，这取决于人们对神的看法和定义。人正在不断地超越曾经，人在不断地成为过去人的超人，直到人类的语言和智慧以及情感和记忆，冲出身体，冲进智能的机器，用语言的方式栖息于可以永续的机器身体。科学语言，从另一个角度，正在不断填平宗教、艺术和科学自身的鸿沟。

而进化这种机制和语言，正是这一切的基础。当然，科学语言的发展进化是决定性的力量。是科学解释和重构了宗教和艺术，而不是相反。当然，科学和理性也是一个不断发展完善的理论系统。对于情感的支撑，科学和理性永远也无法完全替代宗教和艺术。

在上一章我们所探讨的假设猜想，需要逻辑验证，并进行辨析甚至是实验证伪或者证实。这成了科学和理性发展的进化选择机制。被理论和实验证实的新的词语和观念或者理论进入科学和理性的语言库，而被证伪的则进入对这一问题的新的猜想和假设，并以此循环。由此，我们可以看到科学和理性语言的进化，并可以画出它的历史进化树，以及路径。

这种理性是人类思维的重要方式和方法。如果说自然生命的进化是天择，人类的人文成就是人择，而科学的演进则是证伪的理性选择。

十六　艺术作为学术的终结与艺术作为精神语言的存在和发展

我们都喜欢艺术。艺术承载了太多的感情与情绪和思想与感触。

但艺术作为学术是近代以来的事情。

语言学的发展，将艺术学术性的面纱解开，将艺术还原为语言学的一部分。微妙和尴尬的是，我们喜欢艺术的魅惑与神秘，事实上，学术的发展却可以解释这种魅惑与神秘。艺术因此彻底的成了类似广义的文学的语言存在。这不是宣告了艺术的死亡，而恰恰是理解了艺术的真谛。艺术的学术，不再是玄学，而是科学，艺术的学术应该归入语言学与科学。

类似的，维特根斯坦（Ludwig Josef Johann Wittgenstein）宣布了哲学的死亡。哲学被视作语言的一部分，哲学是语言的子集。艺术在语言学的理论下显现了它的边界。艺术也是语言的子集。这个子集以感性、直觉、抒情、思想和错觉为内容。艺术以显像、呈像，以及拟像、拟态、拟形、拟音为主要方式呈现。艺术是一种以抒情为主的言说，是一种感官化的虚构的体验。艺术追求感官刺激、意外、戏剧性。艺术浓缩的表现生活，表现我们内心的情绪和情感。

艺术可读。任何试图使得艺术玄学化的假扮和解释都倾向于巫术。

甚至，现实中一些艺术家不过是现代社会的萨满的扮演者。这种现象在当下的中国尤为严重，由于艺术的虚妄，艺术可以被过度解释和包装，甚至被神秘化、神圣化，但事实上艺术更多的是政治投机和资本投机。在一些巫术色彩浓厚的国家，宗教艺术依然直接的充满巫术的色彩。

艺术由于其语言特性，在网络和媒体时代，被广泛传播。艺术的影响力和艺术家的影响力也被不断放大。它们和他们在这种传播中具备的优势，使其获得了巨大的话语权。艺术的传播强化了这种语言的言语实践。而最适合传播的影视剧和歌曲，成为艺术的主战场。因此，影星和歌手成为时代最大的明星。而这种传播明星的形成，也往往捆绑了性感的身体符号，并且绑定在一张面孔和身体以及名称上。在商业的推动下，艺术对于大众的影响力不是削弱而是增强。艺术对公众的影响超过科学，尽管这一切的消费和传播技术本身都是建立在科学的基础之上。

现代社会的艺术成为传播学意义上的符号。传播了的就是艺术（公众艺术），不能够传播的艺术事实上被剥夺了公共艺术的属性，成为创作者的私人精神活动。传播化，商品化，成为艺术更重要的属性和试图让历史忽视的新的本质。

艺术因其非理性非真的属性，而不能被证伪。这种属性使得艺术可以被权力和资本包装、操作，并形成传播优势，甚至也可以被私人操作传播。许多艺术在利用一些形而下的恶趣味和叛逆情绪甚至是类似色情的因素时，可以形成巨大的传播。当下的艺术，是混乱失去秩序的，仅有的唯一的秩序只是利益。这和古典社会的精英媒体层层挑选艺术，并让其进入公共化领域的路径和方式不同，现代的艺术在任何位置上都可能嫁接网络和媒体直接公共化传播。因此，对艺术和信息的操控以及集体无意识的盲目涌动，造就了混乱。

相形之下，电影、小说等公共化程度较高且依赖于拷贝受益的艺术，受到的影响要少一些。这种艺术的混乱，主要体现的是现代社会人群的精神错乱。即便如此，这种混乱本身，也是可以被解读的。我们甚至可以从中读出社会不同人群的心理状态。一些文化学者的批评和分析，正是试图去厘清这种混乱的内在关系。

遗憾的是，这种理性评判的传播远远弱于混乱的艺术传播，混乱的艺术不可证伪的玄学和巫术色彩，在自媒体和网络时代获得巨大的生存空间，正如没有人类打理的花园或者农田，野草茂盛。人类社会也因此身处在信息化、网络化、传播化的社会之后的混乱迷茫与呓语和癫狂之中。

在人们进入 21 世纪的时候，世界卫生组织（WHO），公布了一份对人类疾病进行划分地报告，报告指出人类从 2000 年起，整体地进入了精神病时代。之前的两个时代，分别是传染病时代和流行病时代。

这个人类的精神病时代，恰恰也就是人类整体进入信息网络社会的年代。政治和经济的压力与人群的分化，资讯的泛滥和传播的扭曲，以及艺术本身的混乱和精神以及情绪的躁动，构成了人类整体的精神病态。当然，这种病态在强大的法律和理性的经济面前被局部抑制，人们整体的保持着一种有理性的疯狂。

艺术也存在着战争和博弈。但遗憾的是，艺术原本就存在的博弈不再是欲望与情感，美学与理性，堕落与反思，博弈的主战场成为传播和随之而来的经济利益。当然，政治和意识形态的博弈也深藏幕后。

与之不同的是，更多的现代宗教是一种理性行为。很多宗教虽然建立在玄学、神学的基础之上，但是其上层的理论有着完备的伦理和理性。艺术作为构成人类文化最重要的部分之一，已经成为最非理性的甚至有可能癫狂的领域。当然，这也依赖于民众的社会选择。更多的时候艺术并不危险。

我们依然依赖艺术，它是我们重要的精神生活，并且在生活中所占比重越来越大。有趣的是，艺术本身就具备一定的精神病的特征。而精神病患者的艺术创作也往往呈现了惊人的天赋和才华。这是人类的尴尬，但也是在枯燥的机械的理性之外，人类重要的情感动力和精神空间。甚至，它是一种驱动力。就如同本能，那些蒙昧的力比多（libido）正是人的生命的动力。

第六部分　宇宙的觉醒

十七　宇宙的建构、人的建构和语言的建构

　　世界一层层建构起来，直至那种自然的演化建构出人类。人类用自己的智能解读世界，掌握一些知识，建构起工具和人工的环境。大到城市，小到纳米级的微型机械。人们发明了文字，以此构建了庞大的知识体和文化。这种建构，至今依然在自然和人工两个体系中持续进行。

　　这些所有的建构，都建立在最基础的物理法则之上。基础的物理，和由此衍生的化学，它们揭示了世界和我们能够建构什么，这些建构依然还在发展和探索之中。人类也正是在这种被基础的自然法则所允许的范围之内进行着探索和创造。很多新的材料和事物被发明和制造，它们的结构来自于知识的累积，那些形制和形式在不断地演化发展。同时，自然语言，也就是科学，约定了这种可能性的边界，自然语言或者科学语言，比可以建造什么更清晰更强制的告诉我们不可以构建什么。自然和人类所有的建构都约束在自然语言和科学的法则之内。

　　因此，对自然的解读和对科学语言的探究和理解，是人类构建一切的基础。尽管在最初的人类时代，经验和直觉在很小的范围内，像天启一样创造发明了很多事物。但那只是人类早期智力对于一些朴素科学的

直观的理解。

所有发生的都是允许被发生的。这也就是一些哲学家所称的存在即合理。这些发生和存在的事物，都在基础的自然语言法则所允许的范围之内。而超出这个法则范围的事物，则不存在。或者不可被建构。就如同永动机，自然法则中的能量守恒的定律，已经宣告了永动机的不可能。就如同一个人不可以同时身处两地。

影响到人类建构或者创造新事物的因素，首先是科学和技术。它们是这种创造的基础和必备条件。其次是人的需求与文化制约。欲望是人的驱动力，人们不会去建构对自身无用的东西。人类的文化也产生了竞争博弈和禁忌，一些禁忌也制约了一些事物被建构。或者，从欲望层面和合法性层面予以了压制。例如，人类的技术已经完全可以克隆人，而世界主流的科学家和社会以及法理和伦理，都反对并禁止这样的实践和试验。但是，同样的基因技术，在基因编辑等领域正在狂热的发展。

也就是说科学和技术允许的事物未必会出现或者被建构，而出现和被建构的，却一定是被科学和技术语言所允许的。

人类的世界因此变得丰富并充满巨大的发展空间和可能。就如同第一只拿起石头或者木棍将之变成工具或者武器的猴子，它开启了人类改造自然的史诗历程。那个时刻是伟大的，尤其是它作为一种知识和文化或者行为语言，被其他猴子开始模仿学习和扩散之后。人类于现代所开创的基因技术，则开启了人类改造自身的第二个伟大历程。除此之外，更为神奇和震撼的事情，是人类创建了人工智能和它的语言机器。当人工智能和语言机器发展到可以自我更新、自我设计、自我制造的时候，它们作为人类最伟大的发明——一个新的超级物种——一种人类的语言学后代，将标志着人类创造出新的自身。

建构将持续发生。它们在选择中演化和发展。意义就深藏其中。

如果神学和无数宗教将他们的上帝也称之为造物主，那么，自然就是从宇宙大爆炸开始的自造过程和结果。它们在物理和化学语言的范围内不断地自我构建和演化，以至于进化出生命。而人类，已然是新的造物主。并且这种造物的过程还将不断地进行下去。以至于人类将在未来创造出智能的机器物种。

关于未来会有什么样的新的事物被建构出来，在一定的范围内，人类的科学是可以在一定程度上分析和判断的。当然，对自然语言的解读也就是科学的发展，还在进行中。或许，在进一步的研究，并充分地解读了宇宙的全部自然奥秘之后，我们的知识将更加精准的预判未来和我们自身。

人类的建构活动，表面上看是很多偶发的发明推进。这里面确有一些是偶发的发现或者巧合，但是就整体而言，它又是人类知识不断累积和演进的必然趋势。就像昆虫和翼龙蝙蝠都进化出了翅膀，鱼和鲸都有鳍，但它们在进化树上是相距甚远的不同物种。在特定的研究方向和需求的推动下，很多技术发明的出现揭示了一种必然。就如同不同物种在相似的环境下和演化方向上都产生了类似的器官和功能。比较极端的案例就是海豚的声呐和蝙蝠的声呐，他们都使用回声定位作为对环境的探测和监控。道金斯（Richard Dawkins）在他的著作《盲人钟表匠》（The Blind Watchmaker）一书中，就深入地探讨了这种进化的偶然与必然性之间的关系。

人类是如此的物化的生物，他们崇拜物质，崇拜技术。他们不断地创建新的事物，扩展自己。服装和建筑如同皮肤之外一层又一层的人工皮肤，庇护、装饰并展示着人。机器和工具扩展着人类四肢的能力。文字、媒体、计算机扩展着人类的眼睛、耳朵等感官以及大脑。目前，所有的人工事物，都是人的身体和精神的延伸、衍生以及扩展。而未来的人工智能和语言机器，那几乎是重新构建的人的新的自身。

宇宙是一种建构和建构过程。生命是一种建构和建构过程以及复制与变异。而人，本身也是一种建构。并且成为一种可以按照自身意愿，在科学技术限制的条件下自主建构的超级建构。他们，和他们的语言学后代——人工智能，将不断地建构可以建构的世界。那是一种本能。

而这一切，它们的基础，都是语言的建构。它们都有着最底层的语言学属性。

十八　自然生命为什么是这样的结构和形态

生命的形态极为丰富。但进化的演进和分类使它们的变化规律有迹可循。

为什么它们是那样的形态？

为什么我们是这样的样子？

最初的生命诞生于水中，类似于细菌病毒一样的形态，在原始的液态的有机物浓汤中，一些复杂的有机结构具备了复制自己的逻辑和能力。它们中间的一些在演化中，发生了合并，或者断裂，以及出错变异，从而形成了多样性。在缓慢地演进中，一些原始生命进化出了有机的外膜，能够保护自身，并且阻挡和选择一些物质的进出，而它们最初核心的自我复制的结构，形成了基因，也就是DNA。作为遗传物质，它们进行自我复制的分子表述，不断地加入新的表达和指令。在这一点上，今天的计算机病毒和其有着类似抽象层面的相似性。

这些生物需要从外部获得物质和能量。其中一些日渐进化的更加复杂，可以用一些酶控制化学反应，利用阳光，进行新陈代谢，合成所需的能量和物质。它们分化成为植物。另一些原始生命，产生了最简单的运动机能，在盲目的游弋中遇见并获取所需营养。它们逐渐进化成动物。

运动的原始生命，在进化中，逐渐形成了运动的方向性。这时候它们的方向被简化成了单一方向并具备了转向的运动能力。因此，这些生物逐渐在形态上具有了一定的方向性。一些生物，出现了进食和排泄的口腔和肛。这两种开口因此也和其运动所需的形态结合在一起，头部逐渐固定在面对运动方向的一面，这样的布局适合将运动和捕食结合，从而使得效率提高。对方向的控制，产生了最早的类似于神经的反射控制系统。有了口这样的捕食机构，也需要反射控制的神经系统。这个时期，这些动物类似于蠕虫。也开始有了类似触觉的基础感应能力。

随后的演化中，伴随着感官的逐步形成，对光的敏感形成了视觉系统的结构聚合，围绕着感光，它们逐步形成对图像的一些感知能力。当动物开始运动，尤其是具备了方向性的运动，有了类似导弹引导系统的感光反射能力之后，速度开始成为它们竞赛的一个重要主题。同类之间的速度竞赛和捕猎者与被捕食者之间的速度竞赛，成了动物演化的一个重要路径和因素。早期的这些生物，它们的感应能力很差，类似于现代简单的机电系统的自动控制，没有意识，而主要是神经系统的简单反射。

这些类似蠕虫的动物，随后开始出现两性生殖。之前的简单生物，主要是自我复制。但是两性生殖的好处是，这种生殖方式可以通过交换部分 DNA 而带来更多的基因交换组合和变异。从进化的角度看，这样的机制，使得生命进化的速度因为进化的多样性而获得更大的繁衍和发展的机会与可能，卵成了这种两性繁殖的主要形式。在随后的进化中。一些蠕虫类的生物进化出外骨骼和节肢，这不但可以保护自身，并且它们因此获得了更强的运动能力。蠕虫和节肢动物中的一部分离开水域登上陆地。其中的一些进化出翅膀，可以飞行。这些节肢动物有一些依然保留了其祖先的产卵和幼虫在水中繁衍的习性。而另一些类似蠕虫的生物进化出内骨骼，并逐渐发展成为脊椎动物。最初的脊椎动物是鱼，内骨骼极大地增强了这些生物的运动能力，其具备灵活性和柔韧性的同时，坚韧的肌肉和皮肤拥有吸收冲撞和修复损伤的能力，由此带来的速度的优势，以及更强的适应能力，使得这些生物获得更广的进化空间。内骨骼的进化和形变，比起外骨骼要有更大的自由度和灵活性。这样的一条进化路线，几乎奠定了随后的高级动物的格局。

当一些鱼类，逐步适应了滩涂的半陆地环境时，其中一些进化出适应陆地的肺，而鳍进化成可以支撑身体并在陆地行走的四肢，它们中的一些进化成了两栖爬行动物，又有一些两栖动物最终彻底的成为爬行动物。当然，植物比动物更早抵达陆地。它们相对简单，结构也不复杂，正是它们为动物提供了最基础的食物和营养，承担着整个生物生态系统基础的有机质的构建和生产。

众所周知的恐龙时代，就是爬行动物称霸的时代。在进化中，生物越来越大。当然也总是存在着微小的生物。从脊椎动物算起的高级动物，它们的体形越来越大，并进一步进化出丰富的嗅觉、听觉，以及更发达的视觉和神经系统。它们的神经中枢形成的脑部，不断发展，具备了更强的对外部信号处理的能力和丰富的反应程序。在这些庞大恐龙称霸的同时代，一些小型的爬行动物进化成了哺乳动物。它们长出毛发，以利于保温。它们变成温血动物，从而具备更强的快速灵活的运动能力，并且不受气温的干扰。它们在庞大的恐龙的压制之下，不能进化的更大，因为它们更大体型带来的风险远胜于带来的好处。它们在恐龙时代的夹缝中，以穴居的方式，在地下躲避恐龙，在夜间活动，错位生存。这就是它们需要进化出温血，从而在寒冷的夜间保持运动能力的一个原因和选择机制。穴居的生活，卵生体外孵化的方式，逐渐演化为依然是卵生但是体内孵化的方式。这种生育方式的变化，终于促成了其向哺乳动物的演化。它们在恐龙的统治下生存了上亿年。直到一颗小行星击中地球，对地球的生态和环境造成了极大的破坏，并持续了若干年。恐龙因此灭绝。一些小型的，后肢行走的恐龙，它们进化出羽毛，前肢进化出类似翅膀和爪子的结合体，它们灵活，甚至前肢具备了原始鸟类的微弱飞行能力，它们因此具备了一些优势，在劫难中幸存下来。它们之后进化分化成各种鸟类。今日的鸟类，是恐龙的直系后代。

　　在恐龙灭绝之后，哺乳动物迎来了自己的时代。它们在恐龙统治者灭亡之后，大部分爬出地面，在不同的气候和地貌生态环境下，迅猛的分化进化，成为大地的主人和新的统治者。它们的体形也因此迅速向着大型演化。它们分化出啮齿类、灵长类、偶蹄类等。人类的祖先，显然是属于在树冠层活动的灵长类。正是它们生存依赖的树冠层的枝干，让灵长类进化出手指，从而为人类的诞生做好了准备。

与此同时，陆地的植物，从最初的类似藻类的地衣苔藓，逐步进化成草木。而木本植物，也不断地进化的更大。它们围绕着阳光和水，以及气候等因素演化。显然，为了获取更多的阳光，形体高大是一种有利的选择机制和条件。为了进一步获得更多的阳光，树木分形，主干之上形成更多的枝干层级，以获得更大的表面积，同时它还不断地进化出更坚固的木本结构支撑这种巨大树冠的重量。我们可以清晰地看到，越是高大的树木，枝干收的越紧，从而减少杠杆带来的巨大力量折断枝干的可能。并且越高的树木越倾向于对称。这是巨大体量和表面积对重力的妥协。如果没有茂密的乔木的存在，是不会有灵长类生物出现的，甚至，我们应该感谢树木，它们是我们得以进化而来的重要因素。当然，在人类的基因和本能里，依然保留着对树木的热爱，和独特的美学崇拜。

人类所属的灵长类在树冠层活动并躲避地面的大型捕食动物，它们以树冠层的嫩叶和果实为食物，因此人类没有发展出尖牙利齿。而相对的地面的捕食动物，则进化出强健的身体和很高的奔跑速度，它们最骄傲的进化成就就是尖牙利齿，这种简单高效的工具，是身体的一部分，同时也制约了它们的进一步发展。它们拥有很高的速度，但灵长类前肢灵活的抓握功能，却促成了动物使用外部工具的能力的出现。这是一个历史性的飞跃，人类的祖先，抓握石头和木棍，这是生物有意识的使用外部工具的历史性飞跃。这种能力和原始人类飞跃的语言能力，造就了之后的人类历史，以及和神话一样辉煌的人类文明。

生命的世界如此丰富，目前地球上有大约 150 万种动物，37 万种植物。它们构建成地球的生态系统，它们丰富多彩，千姿百态，生生不息。而人类，是其中的幸运骄子，他们摆脱了蒙昧，在本能之外的生命属性之上，具有独立的意识。发达的语言和文化，庞大而恢宏的分工和产业，他们拥有超越所有生命的强大的技术能力，并且这种能力还在不断地发展。他们甚至可以理解这一切。他们正在破译自身的基因密码，创建人工智能。这是进化的奇迹。也是他们的智慧和努力的结果。

不论如何，这些生物都活在地球的重力场之中，重力是它们永远要对抗的因素。陆生和飞行的生物，重力几乎是塑造它的永远的核心因素，水生生物同时还受到浮力的影响，运动，速度的竞争，显然也是另一个核心要素。自然的因素和物种之间的竞争以及物种内部的竞争，不断塑造着它们的形态，影响着它们的演进。我们可以这样来理解人类头部的发展，感官和用于进食的口部向头部集中，视觉对于三维空间的认知所需要的双眼不断向头部的前面集中，这些进化的趋势和路线，显而易见。用于运动的鳍、翅膀和肢，在随着它的生存环境和运动方式不断地优化，如果没有类似人类这样的智慧生物使用外部工具，地球上的猫科、犬科类捕食动物已经趋近自然进化的完美形态。它们迅猛灵巧，身体修长，腰肢灵活，四肢强健，甚至它们的头部和嘴部以及牙齿，在具备咬合和撕裂以及咀嚼能力的同时，也具有简陋的类似抓握的能力，它灵活的好像是另一只前肢。它们的尾巴则成为平衡运动的重要的平衡器，并灵活的好像是另一个后肢。它们甚至具备很高的智商，它们也有一定的群体协作能力。我们可以轻易地从形态和身体的比例，以及功能上分析出一个高级动物的能力。它们的形态的功能和语义就是秘密本身。

由于运动所需的方向性，生物进化形成了头尾的方向性。由于运动对于前方判断的重要性要远超对于后部的感知，所以视觉出现在头部是一种必然。对视觉的处理所需要的复杂的神经系统因此居于头部，并且成为中央位置的神经中枢。其他的感官也因此向头部聚合以缩短神经回路的长度，并有利于对多种感官交联处理。与运动和方向关系紧密的捕食、进食需求，也塑造了口器居于头部的基本格局。具有全天候的运动能力需要温血，夜间活动需要发达的夜间视觉，分辨色彩有利于更多的分辨周围的事物和信息，这些能力都是逐渐进化产生的。尾部对于运动平衡的作用也尤为重要。而四肢越是在重力的垂直方向上，越是能够减少不必要的横向的应力，并使得运动高效稳健。比起笨拙的两栖动物和爬行动物，哺乳动物的四肢紧靠身体，它们基本保持了静止中竖向垂直承受重力的形态。捕食动物需要攻击武器，它们进化出尖利硕大的牙齿和四肢上锋利坚固的爪，这成为它们紧凑有效不影响运动并且便于随身携带的利器和餐刀。

通过上一段的分析和描述，似乎一个从未见过非洲狮子或者泰国老虎的人，也可以根据这些描述，结合他对其他的动物经验，借用他熟悉的其他动物的形态，画出一只老虎或者狮子或者狼，再或者是类似的猛兽。我们可以理解形态的功能，也可以得到形态和功能的语言（功能和语义）解读，更可以在比较生物进化的过程中了解发生了哪些变化，从而理解进化的条件和因素以及选择机制。

在这里，我还想要提醒大家的是，所有的生物，其实都是一种液体生命。尽管它们看上去并不是湿淋淋的。甚至，一些植物和昆虫看上去和摸上去很干燥很坚硬。

自然生命诞生于海洋或者水中，不是偶然。因为自然生物有赖于有机化合物复杂的分子结构形成的逻辑和结构。并且需要很多样的有机分子才能够形成有效的丰富的生命活动和新陈代谢。怎样组装这些有机分子就是一个难题。对任何固态的物质的搬运和加工，超出了无意识的自然的盲目的运动能力。早期生命的任何运动都是无意识的偶然。将所需要的有机化合物积聚在一起，并且将发生化学反应的组装在一起，只可能在液态溶液里进行。并且，水的浮力对于重力的抵消，水的自然流体运动，更是这些物质运输的途径。在水中也能够在三维空间的任意方向上运动，从而可以立体组装。正是因为这样的液态环境的存在，才使得最初的生命，由基础多样的有机分子进行组装建构成为可能。几种几十种甚至更多的化学元素和有机分子，在水中才可以协同的并发的进行化学反应和建构。比起今日科技所热衷的3D打印制造技术，生命在液体环境中多元素多材料的4D制造更炫、更精密，也更复杂。动物进化出的心脏，则是这种液体在体内循环运动的泵和动力。

从一开始的原始有机分子团需要液态环境，到形成细胞膜细胞壁的多细胞生物，到之后进化出的有外壳和皮肤的生物，再到高级的脊椎动物和陆地动物，生命一直依赖于以水为基液的液态环境。与一开始不同的是，后来的生物进化出的皮肤和外壳，形成了容器，并将内部和外部的液体进行了具有选择性的阻隔。每一个具有细胞壁细胞膜和外壳以及皮肤的生物，都在自己的体内建立了液态环境。身体之内的所有的新陈代谢和化学反应，都在这个基液中进行。陆生生物，不过是自带了容器的一个小海洋。它们的皮肤和外壳阻隔并减少着水分的流失。它们是自己的海洋的容器。或者说，它们正是自己携带着自己所必需的海洋的碎片爬上陆地，它们的皮肤和外壳保护着海洋的水分不要流失，并且不断在进食和饮水中补充这个海洋。

　　人类也是如此。我们的骨骼神经，也都浸泡在这个海洋之中。甚至，骨骼作为一个有空隙的疏松的结构，是和体液互相穿透的。骨骼类似于太湖石的结构，这种结构保证着骨骼内部也有液体可以流入流出。基于此，你就可以理解为什么人类的身体中百分之七十由水分构成。为什么，植物在遭遇干旱之后会死亡。动物更是如此，缺水会导致死亡。并且，动物的排泄，对身体之内的有害物质的排除，也需要液体作为载体。尿液、汗液的排出，必然带来水分的损失，如果不能及时得到补充，就会造成死亡。而这一切的核心因素，是因为自然的生命建构和新陈代谢，完全有赖于液态环境。

　　这就是人类进行外太空探索，寻找外星生命或者适合人类居住的星球，总是需要寻找有液体的星球的原因。并且，这种液态中复杂的生化制造，也可以看作 3D 打印制造之后，人类可以探寻的更复杂更高效的精密制造的一个途径和可能。一个可以不断生长的儿童骨骼，就是这种制造的优势。即使是 3D 打印这样的复杂技术，依然无法解决类似于改变动植物生长尺度和动态结构变化的问题。

地球生命的演化，正是这种受到很多自然因素影响，在生化反应的限定条件下，在物种之间的速度、大小、攻击能力以及防御能力等诸多要素的竞争中，不断变异并被淘汰选择，所形成的且有一定方向性的进化。但是可以确认的是，动物进化总是朝着更大的脑容量的方向发展的，这几乎可以度量生物的智力的高低和进化水准。或者说，智能，是进化最重要的度量参数。

虽然变异是盲目的，但是选择却是有一定规律的。就人类目前的知识所了解的范围，一些特定的事物出现，需要一些更基础的必要的先决条件。也就是说，有着路径依赖。例如，海豚被实验证明有着非凡的智力，它们也有声呐那样的语音系统。海豚面对镜子甚至可以认识到那是自己，这说明海豚有着足够的自我意识和自我认知。但它们不能发展出文明，因为它们不具备有抓握能力的前肢，因此也就不能制作工具，也不可能完成书写和文字的创建，更不可能用文字和书写累积知识，传播知识。它们最终也无法形成在此基础上衍生出的更抽象更复杂的思考。尽管，海豚的智力不低于大多数的灵长类动物，甚至，海豚的脑容量远大过人。

猩猩具备用较长的时间进化成人的可能性，如果没有人类干扰的话（人类遍布地球，对生态造成巨大的改造和破坏，人类不可能不干扰猩猩）。有趣的是，一些针对猩猩的科学实验，发现了有价值的结果。猩猩由于喉部和口腔结构与人不同，不能发出复杂丰富的声音，从而无法学会人类的口语。但是，科学家在一些试验中，教会了一些猩猩手语。当测试反映这些猩猩掌握了一百多个手语词汇的时候，这些猩猩随后教会了未被训练的其他的和它们一起生活的猩猩手语词汇。并且，科学家发现它们在此基础上进一步发明了一些词汇，甚至语法。它们自主扩展了词汇数量，构建了一些新的表达。这个结果是令人震惊的，但也并不意外。我们也能通过这个事件更好的理解进化的路径依赖。由于没有很好的发音系统，猩猩没能发展出复杂的口语系统。但是，这个手语学习和传播的案例解释了它们具备掌握甚至发明语言的能力。而另一个和猩猩有关的实验，使用了类似平板电脑的触摸电脑设备。猩猩在学习之后，能够借助平板电脑显示的图形图像，和人类进行简单的符号短语级别的互动对话。由于缺少手指，海豚无法进行手语训练和对话，而类似触摸屏这样的图像、图形符号语言实验，是值得探索的，它将验证海豚是否能够通过触摸屏完成和人类的简单的符号语言对话。遗憾的是，笔者不具备这样的实验条件。但是，一定会有类似的实验出现，我们可以等待那样的消息和结果。

我们如果能够理解路径依赖，就能理解这个路径就是结构和技术功能。地球大约 46 亿年前诞生，而最早的原始生命出现在大约 38 亿年前。也就是说从泥土到细菌，经过了 8 亿年。而从细菌到猴子，几乎用了 38 亿年进化。而从猴子到人类，只不过用了几百万年。因为，猴子或者猩猩，已经在漫长的进化历程中积累足够的结构和功能，它们距离进化成为人类的结构和技术需求以及路径，只差最后一步。幸运的是人类的祖先率先完成了它，否则，今日我们就不是一起分享一本书和书中的内容，一起探讨语言和进化，而是一起在树冠分享果实，或者警惕着豹子的出现。

今日的人类，结构也有很大优化。我们的身体结构和比例，日渐完美。我们的双手加上前肢加上肩部的关节可以覆盖上半身球形空间的任何角度，我们可以毫无死角地用手触及身体的任何一寸皮肤和外部结构。双手也可以在身体前后形成很大的交叉空间，尤其是前部的交叉、重叠多达三分之二臂长，这使得我们的双手双臂，可以协作完成很多需要技巧和力量的动作。我们没有足够的速度，却极度灵活，并具备跑马拉松那样的耐力和持续性。按照莫里斯（Desmond morris）的《裸猿》（The Naked Ape）一书所陈述的观点，正是因为源自灵长类的生物基础，人类奔跑速度不及猎物，用工具击伤猎物，又需要具有耐力跟踪侵扰猎物。人类因此进化出长跑能力和耐久力，这也使得人类进化出发达的汗腺，以保持体温，在这个进化因素的影响下，毛发功能退化，人类成为裸体之猿。人类学会了使用外部工具，用兽皮和植物纤维保温，并学会了用火取暖和烹制食物。火使得人类获得了技术性的取暖能力，弥补了毛发的保温能力，并且使得牙齿和颌骨退化，因为烤制的食物不需要太大的咀嚼力量。当然，脑部的发达，几乎是进化水准的核心因素。人类的脑部不仅发达，而且仅占体重的约5%。但更惊人的数据是，占体重约5%的脑，几乎要消耗人的身体能耗的25%之多。现代社会，一些集中脑力活动工作的人，这个能耗比重更大。

你看，今日的人类不但智慧，而且形体完美。这是自然和演化以及技术要素的综合结果。这种形体和结构，充满了技术要素和路径依赖。他们的形体大小也受到能量消耗、气候、脑占比等一系列重要参数的影响。这几乎需要一整本大书，才能够详尽的分析论述这种演化的形态变迁和制约条件，以及进化路径。或许我们需要另外一本书整体的叙述进化的故事和其中的原理与因素。但是从目前这章简单的论述中，我们可以理解，自然进化的终结，就是语言能力和作为语言机器的足够强大的脑部，以及能使用并制作工具的肢体。人类依靠艺术、直觉和想象所拍摄的外星人电影，那些智能的外星人许多都具备这三个条件。虽然很多艺术家们诡异的赋予一些外星人以昆虫甚至软体动物的形态。

十九　超越生命的语言和宇宙的觉醒

当生命第一次诞生时，它们来自于物质，却超越了物质。生命作为一种结构，一种自组织，它们维持着自己的结构并复制自己。它们形成了基因语言和特定的化学键序列，这些语言在它们的复制和繁衍中继承和演化。这些生物个体生生灭灭，生命和物种却生生不息。今日的生物，它们的基因中都携带着古老的密码。即使是人类，他们也是从最初的生物基因中经过几十亿年不断进化而来的最新的高级版本。

在生物死亡的那一刻，它的结构和组织与死前的瞬间几乎没有差别。它们的死亡意味着内部的生物化学系统程序停止，它的结构将逐渐在腐烂和消解中，回归于尘土，回归于简单稳定的物质。结构和形成结构的语言消失。这种生与死的差别，就是生命基于物质却高于物质的那部分。那是一套复杂的生物化学程序，那是动态的语言的计算，以及由此控制的体内的生化反应和物理运动。生命，是一种具有复杂特定的自我组织的语言过程和语言现象，也是一种言说。生命因此超越了物质，并征服了物质，生命构成了美妙动人的新的世界。

我们可以把这种生命看作是两部分，语言和语言机器。这种语言和语言机器的关系，就正如人类现代的发明——软件和计算机。即使是计算机，或者生命的语言机器部分，也内含了语言的部分和语言运算的结构。就如同计算机核心的处理器，是由无数能够产生逻辑运算和执行指令的电路组织在一起。这是语言化的机器，是可以运行运算语言的机器，一如生物的身体。但是生物是基于生物化学的复杂混沌的语言机器。因此，语言在基因和身体两个部分存在并循环复制。基因如同蓝图，以及指令发生器，控制身体构造的生成，身体建成的结构分化出神经和内分泌以及酶的生成机制，神经内分泌和酶进一步控制着复杂的体内的生化反应，建构身体，并进行复制、繁殖活动，从而构建新的基因和基因的载体。在这样的过程中，基因寄生于身体，并复制传播自己。这样的特征与机制和病毒无异。在这个过程中，身体和基因都在进化升级演进。基因总是携带着身体的构造蓝图，而身体总是利用之前的基因复制新的基因。直到有性生殖出现，基因在复制中，只获取自身一半的DNA，而另一半由异性器官或者异性个体提供，从而组合成新的基因序列。这样的开放式的基因重构方式，极大地提高了基因的性质和变异的可能性，增强了基因和物种的适应性能力，并且增加了盲目的探索变异进化的概率和速度。

事实上，物种进化中，基因也经常遭遇其他物种的污染和侵入。甚至，最早的原始生命存在着几个不同物种共生于一体或者共生于一个细胞的现象，这种过程促进了物种的发展，和基因的发展。尽管这也同时带来畸形或者死亡的困扰。现代的基因研究，揭示了高级动物的基因中有无数次外来病毒入侵并融合进它自身的基因的部分和片段。这是基因进化的另一种变数和途径。

按照道金斯（Richard Dawkins）的描述，身体是基因为自己构建的生存机器。那么身体作为基因语言的载体，自然是基因为自己构建的语言机器。我们甚至可以看到，基因与身体构成了寄生与载体的关系。

生命是如此卓尔不凡的语言和言语，它包含了精密的生物化学语言和程序，控制着自身身体的建造与身体的运动和新陈代谢程序，并且它还在不断地互相复制。这就是生命征服物质的意义。而与此类似，语言在生物化学的物质层面上构建了语言和语言的运行。语言和基因的关系，正如基因与身体。生命不断地建构自身维持自己的结构，并通过繁衍复制自己。基因和身体，语言和载体，互相复制，互相依赖。身体和载体生生灭灭，基因和语言却生生不息。

这个现象和过程，就如同生命征服物质，语言事实上征服了生命。就如同，今日人类的基因科学研究，可以在代码层面解读、编辑、创建、修改基因，并将这种代码镶嵌进源基因序列，从而改变基因和生物。基因的语言学层面被抽象成了非物质的代码。这种代码在代码层面可以被虚拟创建并再次用 DNA 中的化学键物质实现。

人类更是如此，人类作为自然演化的生命的最高形式，创建了独立于自然之外的自身的语言系统，这种语言和人类也形成了类似的寄生与载体关系。并且共同的进化和互相复制。这种语言随着演进脱离了人的口舌和耳朵的听说器官，冲出人体，以书写的文字和印刷品，甚至计算机屏幕上的显像和所记录的二进制代码的方式存在。这种语言成了高度的抽象的符号存在。书写和印刷以及计算机屏幕的显现，成为人的语言的等价的存在。当人类发明和传播文字语言的时候，语言成为事实的征服者。汉字出现了三千年，这期间人类已经死亡了上百代，而语言在遗传和变异中不断传承，就如同人们体内的基因。以至于人类的知识和意识，都借助于语言完成，人的意识和语言同构了。这就是海德格尔（Martin Heidegger）和福柯（Michel Foucault）所说的，语言是人存在的原因。

而当人类创造了语言，创造了书写、符号、书籍，以及电视、计算机时，人类也同时创造了语言机器。计算机的发明无疑是一个伟大的节点和进程。计算机是一个真正的可以在一定程度上自我演算的语言机器。正是这个伟大的发明，开启了人工智能的未来。人类创建的语言，和人类创建的语言机器，它们的组合，正如生物的基因和身体，它们将形成类似于生物进化那样的伟大的演进。

当计算机语言和计算机作为一个系统，可以自我调整计算机程序，形成学习和自定义能力时，这将是一个重大的转变。当今世界范围内正在兴起的深度学习软件，就正是这一历程的开端。当这个计算机语言和计算机组成的人工智能机器系统，能够完成计算机（机器人）本身的更新设计和建造的时候。这将是第二个伟大的转折和节点。这意味着脱离人类操控和干涉的完全自主的人工智能的来临，而这个人工智能也将是崭新的物种。它们具备了生命所具备的自我复制和遗传变异的特征，并且，它们将获得独立的意识和主体性。

那将是一个伟大的时代，当然也是自然的人类彷徨和意义未明的时代，很多人会担心人类被人工智能的机器智人替代，甚至消灭。我们将在后面的章节探讨这个问题。从正面的意义来看，这个新的机器智人的物种，正是人类的语言学和知识体的后代。它们的基因就是语言，而这个语言正是由人类所创建。

在这个时代，语言成为显现的存在。因为计算机语言和计算机，都是人类符号学、语言学所能理解和构建的。它们是彻底的语言化存在。构成它们的物质，不再神秘，甚至语言或者程序可以随意地更换其所运行的载体——计算机或者语言机器。这样的人工智能的语言机器物种，是崭新的生命。它完全是语言学意义上的产物。语言，将在这个时刻，彻底的显现其语言就是生命，语言超越生命的本质和光芒。

这种语言和语言机器组成的系统和网络，将进入计算机频率层面的高速进化，不再受到生物化学和混沌复杂的自然生命的缓慢进化的限制。它们将不断地解读世界，建构世界和它们自身。它们几乎不会死亡。在这种摆脱了生物化学生命衰老死亡机制的机器面前，语言和知识体以及其所携带的信息，可以转移、保存、复制，计算机器或者语言机器可以更换部件，甚至完全更新。它们具备在稳定的宇宙结构中永生的理论可能。它们的学习和解读以及研究，几乎没有理论限制的生命周期，这将使得这种语言和语言机器成为超级的语言和知识集合。它们将理解世界，解读宇宙和自身，它们将具备更多的创建事物以及改造自然的能力。就如同我们作为宇宙演进的生物中的智能骄子，我们对世界的解读，就是宇宙对自己的解读。人类是世界最高级的主体（目前）。而未来的语言和语言机器，似乎更是会超越人类，它们就是宇宙的自我觉醒。

人类的灵魂和意识随着身体的死亡而死亡，人类不能更换身体。与之相反的，语言和语言机器组成的系统，可以休眠，关闭，重新启动。

那个语言和知识体可以更换其所需的语言机器。语言和知识体比语言机器更自由更广大。语言机器的意义比人类的身体更小更轻微。语言和知识体成了世界上超越了所有生命的超级生命，不死的语言和知识体，将会类似于神一般的存在。那些语言和知识体本质上不过是一些信息和变量。它们虚空，却确实存在。它们寄生于物质，却凝聚了一切意义。它们的起点就是最基础的物理语言，而进化使它们升华出了意识、智慧、知识和创造。它们是自然语言、生命语言进化到人的语言，冲出了人类和生物身体，所展开的辉煌的新的历程。

语言最伟大。

而人类，是这个伟大的进化历程中，符号语言、分析语言、计算语言的创造者，人类承前启后，创造了人工智能的语言和语言机器，这是从泥土到上帝的历程，人类是这一系列的艰难进化进程中无比辉煌的、意义非凡的节点。

我们有幸有机会见证这个伟大的时刻。就正如第一只拿起石头、木棍的猴子，那样的史诗篇章的序幕正在再一次被揭起。

第七部分　世界与语言的动力和未来

二十 能量与语言进化的动力

在物理世界里，热力学第一定律是能量守恒定律。热力学第二定律有三种不同的表述方式，其中最直接了当的表述形式是，热能自发的从较高的温度传到较低的温度，但不会从较低的温度传到较高的温度；另一种表述形式是，用热能做功的任何循环过程必定也有热能损耗，热机用热能做功的效率永远小于100%；第二定律的第三种表述方式是熵（Entropy）增定律，任何物理过程的全部参与者的总熵（或微观无序程度）在过程中不会减少，但可能增加。

熵，是一种混乱度的度量。热力学第二定律，意味着世界总是倾向于熵的增加。熵越大，秩序性越低，熵减少，则意味着混乱度的降低和秩序的增加。因此，世界总体的趋势是更加混乱。而我们可以清晰地看到，物质组成的结构和生命的结构，以及人类文化中形成的结构和秩序，是一种负熵。也就是说，语言，作为一种结构不断进化的过程，是一个不断增加结构秩序的负熵过程。而负熵的现象，总是伴随着系统之外的能量的补充和消耗。

因此，生命无不消耗能量，以建造自己的结构并维持机构。正如一座建筑失去维护，会逐渐风化倒塌，它在倒塌的过程中释放能量，失去秩序和结构，走向混乱。那种混乱的结果就是废墟或者垃圾。而建造建筑，则必须消耗能量才能够增加其结构和秩序。因此，失去能量，生命则会失去自我建构和维护结构的能力，从而走向死亡和瓦解。

生命和语言，使得其所依赖的基础物质，不断地被结构化、组织化和秩序化，是一种负熵，而世界总体上却在趋于熵的增加，因此，能量在生命和语言的活动中，属于基础的动力。

生命死亡的瞬间，秩序开始逐步瓦解，那一刻起，它的语言和结构不断地崩溃成低一级的结构，并趋于更大的混乱，就如同建筑的垮塌和消解。也正如一本书，被碎纸机粉碎，所有的原来的物质都在，但是文章、段落，甚至字词都被破坏，成为混乱无序的垃圾。而将这本书重新拼起，需要作者付出巨大的努力并消耗来自外部的能量。

就地球的生物而言，它们依赖着最基础的外部能量——阳光。就如我们的城市依赖着石油和电，维持着庞大的城市的秩序与建设。人类语言的发展，以及人工智能和语言机器也是如此。神学中的生与死的力量，就正是热力学定律所预定的熵增和熵减的这两种状态。毫无疑问，死亡就是一个切断了外部能源导致秩序崩塌从而熵增的过程，并且这种结构崩塌是一种即使能量输入也无法再启的不可逆过程。

因此，我们可以从中窥探到进化的方向和趋势，就是更高级更复杂的结构与秩序。高级的生命和语言状态，属于高的负熵。生物进化的历史演进，可以证明这种趋势。从细菌到猴子，结构越来越复杂，内在的秩序性也越来越强，因此所需要的能量消耗也越多。对能量和资源的追求，也成为生命内在的基本的一种重要本能。

人类社会也有同样的倾向，文明程度和社会结构的复杂程度相关。高级文明消耗更多能源，社会也更具有秩序。

类似的现象，我们可以从数字中看到这种秩序和结构的秘密。以阿拉伯十进制数字为例，1314代表着一千三百一十四。这个数字序列的轴线上从右开始的数字x，它代表着x乘以10的n-1次方。这样的表达方式，是一种层级秩序。四位数字，代表着四个层级。每一个层级的基数相差十倍。也就是说，人类使用10个数字和这些数字的序列，可以描述从0到9999这1万个数字中的任何一个，而不是画那么多个真实数量的记号。我们可以用一个苹果和四个数字，代表1万以下任何多的苹果，而不需要真的用那么多苹果来表示。因此，这是一种信息折叠，这是一种层级的结构化的描述，是一种强大的秩序。正是这样的一种负熵的表达方式，使得我们获得强有力的计算工具。这就是语言的魅力。人类的整个理性就是一个将世界海量信息减熵描述和减熵分析，以及减熵计算的过程。牛顿的力学公式就极其简洁而富有秩序，它囊括了所有的经典的力学规律。

与之类似的音乐、诗歌，正是一种高度的秩序和结构，是用极少的语言表达极多的语义的精妙描述。在很大程度上，负熵越大，则其背后的语言和智慧程度越高，生命形态和语言形态越高级。人工制品，可以一眼被识别出，人类外太空探索，对于负熵信号的探索，就是关注这一重点。任何人可以轻易地识别出一个外太空星球上的建筑或者飞船，与自然环境之间的差别。对生命与非生命的自然之间的识别，也显而易见。

而那些生命或者人工制品，它们的形态的复杂度就正是大的负熵的外在表征。

负熵这样的描述，目前更多的是一种观念，是由熵增派生的对立概念。负熵过于抽象，并且依赖熵的概念。我们可以通过分析发现，封闭系统中，熵增并不增加物质和信号的总量的数量。熵增加的是混乱度。负熵本质上并没有减少物质和信息，而是增加了信息的秩序。信息增加秩序依赖于结构的折叠和层叠，就是信息的结构。负熵是一种折叠、层叠和结构化、组织化的过程。它并未减少信息总量，但是可以使用更少的信号表达同样多的信息总量。就正如十进制比二进制用同样多的位数可以表达更多的信息量。因为十进制的折叠和由此基础产生的层叠的量度大于二进制。十进制比二进制有更深的秩序量度。维度这个概念，也正是类似的结构和属性。结构的层级在抽象层面上正是一种类似于维度的度量。我们可以通过国家，城市，街道，门牌号，四个维度迅速定位一个人的家庭住址并找到他，而不是从一个国家几千万甚至上亿人的家庭住址中盲目的搜索寻找一个人。每增加一个层级结构，就可以增加一个维度。而实体的世界，依赖的是结构。结构的层级决定了维度。高层级的结构带来的高维度，将使得同样多的信号可以表达更多的信息。或者，可以用更少的信号表达同样多的信息。因此，在信息和语言学的角度，熵具有比热力学更丰富的意义和形式。

生命和语言进化的动力，另一部分来自生存竞赛的压力。生存和繁衍，造就激烈的竞争。对外部的感知需要更复杂的感官系统，神经系统处理复杂信号的能力和运算速度也不可避免地带来速度的竞争，而这些又随之带来了性的选择。对于有性繁殖的生物而言，性选择成为这一切能力的综合考试。这一切意味着生命会以简单原始的出发点，朝向更复杂的方向系统进化发展，从地球的生物进化树可以看到这种整体的趋势。与之伴随的就是从无意识到应急反应，到思维以及高级的意识活动的演进。生命智能的发展成为这一切最终的结果和最大的成就。智能从来就不是一种独立的物，而是语言和算法以及其所依赖的语言机器组成的系统，这是一种动态的系统。它们都存在高度复杂的结构和秩序，是一种致使混乱有秩序的反向组织。

这个过程，也意味着能量的消耗。生命如此奇妙的在能量的推动下，在天择的生命淘汰和奖励繁殖的选择机制下，展开了波澜壮阔的进化进程。并且在熵增的世界中构建了负熵的王国。

当然，能量可以被用于负熵的组织和构建，在另一些条件下也可以用于摧毁负熵。一枚炸弹对一座建筑所做的就是如此。死亡与摧毁总是容易，而生与建设则艰难并且需要智慧。这就是生命之所以富有意义的原因。

二十一 计算即语言

计算无时不在。最基础的物理法则也就是物理语言中，语法已经包含了它自己的性质和量化的关系。在一定的作用和语法下，计算和作用同构的发生，自动的发生。与人类的计算是用数学指代并且折叠信息虚拟计算不一样，自然以实体和实际的数量真实的计算。那个过程从宇宙诞生到今日从未停止。

自然的计算是一种发生，它的结果仅仅是此刻。历史是无数过去的此刻的积分，自然语言无意识，它的计算就是真实和发生。它的此刻就是历史的结果在时间上累积计算的此刻结果。

人类的计算与之不同。人类解读了它们的性质和量化的关系，将这种量化关系发展成为独立的数学，甚至将数作为一种信息从实体上剥离，进入完全的不依赖实体的符号运算。人类具备意识，人类创造数学，数学是一种负熵，是一种结构与信息的折叠或者层叠。人类可以用少的数字指代庞大的数，因此可以使用复杂的算法算出复杂庞大的自然系统的结果。人类对世界的理解具备了层级的概念，从而可以使用更高的层级宏观计算低层级的庞大数据。这也可以看作是负熵对于熵的模拟和计算。

但是，人类具备历史和未来的意识，不仅计算过去，计算此刻，甚至具备在一定程度上计算未来的能力。

这种人类的计算是一种对自然本身的规律的模拟。经过对信息的层级组织，和有目的的计算，人们在一些事情上可以比较准确的预判未来一段时间自然的状况，甚至自身的状况。类似于天气预报、月食，甚至是小行星有没有可能在某个时段撞击地球这类的问题，都可以在一定程度上被比较精确的计算出来。人类的伟大，在于人类是为未来活着的动物，当然，人们也要为此刻活着。

对于自然而言，自然本身用实体的物理世界，自我发生作用，自我生成实体并形成结果。那些内在的规律性质和量化的关系，不断被人类解读，并建立数理模型，吸收进入人类自己的科学语言体系。人类对于世界的了解和理解就是基于此。自然的计算就是其自身的性质结构和作用以及量化关系。自然的计算就是其自身语言的一部分。而人类由此将量化的参数抽象剥离成抽象的符号（数）。人类建立的计算语言，则是一种根据其量化变化的关系而形成的抽象和概括，以及重构。人类的计算语言从基础的加减，到乘除，到积分，从几何，到非欧几何（Non-Euclidean geometry），人类构建了丰富的模型和公式去理解世界并加以计算。人类的计算不再受限于自然混沌的盲目和此时此刻的实际发生。人类的计算可以针对历史，也可以针对未来，可以针对整体，也可以针对局部。

但是人类的计算能力是有限的。自然世界过于庞大和复杂，无数的基础数据正在被人类解读，而人类仅仅拥有自然的一部分数据。人类无法真实的还原或者计算自然的全部，但是，人类的计算可以在选定的范围内，在一定的基础数据上，计算出比较精确的结果。

这几乎是一种奇迹。这样的实践本质在于人类的计算语言是一种对实体自然的计算的抽象和指代，人类使用了类似于十进制（也有二进制、十六进制等其他进制，计算机和通讯领域选择了更容易用电路实现的二进制）这样的信息折叠和层级结构，并且创造了公式这样的结构和运算法则与程序。它们在抽象的符号化的信息折叠的状态下，高效的运算，并在局部形成了计算优势。因此，它们可以对自然存在的事物历史或者未来结果进行模拟计算。

针对时间轴的抽象理解以及语言转换，针对未来折叠后的信息的高效公式化计算，人类计算超越了真实但是依赖时间发生的自然的计算，并且我们还能够预判计算的结果。这是人类智慧的光芒，在一定程度上也显示了负熵的价值和意义。人类赖以计算的数和基础信息，就是不断地指代、折叠和层叠，人类计算语言的优势是建立在负熵的基础上的。正如十进制和乘法以及指数。从乘除法对于加减法的巨大计算优势这一点上，我们可以发现计算语言的强大力量。而这一切有赖于人类的智慧。如果说生命是自然的负熵现象和结构自组织，那么人类构建的语言和分析以及计算，则是一种超级负熵。正是这些使得牛顿可以在几张纸上通过对一些数字的计算，确定行星的轨道。

人类语言所建立的计算语言，其存在是语言方式的。所有的物理公式和数学，都是人类构建的符号语言和强大的分析语言，并混合了计算语言。而自然本身就是它自身的存在、作用与自我的计算。人类通过语言符号构建了一种指代，这种指代以符号和数（数也是符号）的方式进行着多维度的多层级结构的表征和计算。

　　人类的计算语言使得我们可以量化的理解和预判事件。计算本身是一种语言行为。自然世界是一部笨重的用全部"存在"参与的超级并行实体计算机。它受困于时间之中，它是真实和存在本身，因此其计算的结果只有时间上的即时微分，也就是此刻。而人类的思维摆脱了时间的制约，这种思维是抽象的符号化的指代，它不依赖于实体，也因此可以超越现实的实体计算，用虚拟的数（符号）计算实体的过去与未来。人们可以使用多种分析语言和多种计算方法，计算实体世界缓慢而庞杂混沌的但是真实的发展过程和结果。人类的计算可以对时间实现积分，将时间的量（积分）直接纳入计算，而真实的自然世界，时间仅仅是此刻的微分。这在一定程度上，可以解释为什么我们可以超越自然进行更高效的计算。

　　计算因此成为人类的伟大能力。科学和技术因此进入更加理性并且具体的领域。计算如同翅膀一样改变人类的心灵和心智的能力。在进入计算机时代和人工智能时代之后，计算更是无所不在。随着人类对计算速度和能力更为强大的量子计算机的研究，以及分析语言和人类的符号语言介入人工智能，人工智能的学习分析和计算能力将产生飞跃。现实情况是，计算机和人工智能是基于二进制的数学基础。如果从芯片底层或者代码底层，或者程序底层，较好的将人类的符号语言、分析语言以及以十进制为基础的计算语言实现，并成为计算机或者人工智能的语言基础，人工智能将有可能产生新的飞跃，分析能力和计算能力也会进入新的阶段。

在这两章的分析中，我们可以逐步理解并抽象的概括出指代、集合、分类、层级、层叠、加减乘除、积分，都是一种高等级思维方法和算法，都是高等级的负熵现象和结构。

从科学和计算的角度，我们可以大大的拓展对自然的理解尤其是对未来的预测与控制。人类所渴望的理性包含了定性的理解理性，分析的逻辑理性，以及准确的计算理性。而计算已经成为越来越广泛的需求和扩大人类对未来研判的基础。对宇宙生成演化的计算，对地球的地壳运动的计算，对工程的计算，对分析语言的计算，对无所不在的设计的计算，对未来的计算，计算是人类语言巨大的发展。而人类的计算是基于语言和符号的虚拟计算，是将信息剥离之后纯粹的语言学层面的计算，这是人类对于语言的伟大贡献和成就。

那是语言进化发展的飞跃，是语言尤其是未来的语言和语言机器以及由此组成的人工智能系统的基础，是它们所具备并继续发展的如若神明一样的伟大力量。

未来，随着这种计算能力的发展，世界将不再是黑夜一样的混沌，语言、分析和计算，将越来越远的照亮未来。

二十二　未来的模样

　　人类具有语言和思维，虽然这需要消耗时间去运行和分析计算，但是人类却可以把时间作为一个自由定义范围的变量，而非当下的时间的此刻或者微分。人类的思维具备了更大的时空的范围。当我们开始思考以后，人类就成了关于未来的生物。当分析语言和计算语言产生之后，对于未来，人类不再仅仅是幻想。我们具备了一些分析和计算未来的能力和需求。这种分析和计算能力与需求还在不断地发展和强化。

　　未来有太多变量，甚至对于未来的分析和计算产生的结果，也会影响未来的走向。在现实中也有太多的主体之间互相博弈的成分，因为生命在本质上就存在竞争和博弈。关于未来那些有太多不确定因素的系统，人们有很多猜想。但是，其中一些因素，却可以通过分析和计算予以确认。

　　比如，语言的进化。在条件具备的前提下，进化几乎是世界的一种本能。

　　就目前的科学所理解的世界，未来一段时间人类可能的技术突破，集中在核聚变能源的能源技术突破；对基因解读、编辑、改造的基因和生命科学的进步；量子计算与通讯带来的计算和通信技术革命；以及人工智能和机器人技术的飞跃。当然，与建设性的进展相对的是，毁灭性的事件也有可能发生，甚至，一些毁灭的可能正是来自于新的技术突破。例如，核大战，生态和气候的崩溃，超级病毒和基因带来的生物化学危机。但是，人类在不断地克服一些威胁和自身的贪婪以及破坏性。无数的研究和新的政策带来新的机会并遏止可能的危机。

关于未来，有很多预测。我们似乎已经将很多可能的变化变得可见可理解。但那些所有的变化，都不及人工智能和智能机器的发展。这关乎于语言进化进入最后一个阶段，即人类创造的语言离开人类，和计算机器结合，成为独立的主体和新的物种。并且，很显然这预示着一个新的时代的来临。这是一个宇宙级别的事件，是前所未有的一次巨大的革命和宇宙的历史新阶段。这个变化的意义，和人类语言的发明，以及人类诞生、生命诞生一样重要甚至更加重大。它的发展揭示并决定了人类自身的命运。

未来的语言和语言机器形成的人工智能，将成为语言学的集萃，甚至核聚变、基因工程和量子计算都将成为它的语言学的物质实践的子集。核聚变，是人类的科学语言的结构实验和实践，是行为行动和物质叙述的结果。这些技术和结构依然是语言现象。因此，终极的语言及其程序与资料库（知识体），以及其所寄居的语言机器，将成为未来所开创一切的最强的主体。未来的很多技术研究和创造，也会在它的参与下头现，一些新的科学和技术甚至是思想将完全由它完成。

从深度学习软件开始的新的人工智能浪潮，其在本质上是程序具备了学习和自定义概念的能力。目前它的能力还不够充分。并且由于其系统的感官能力也不充分，这个系统仅仅是一种初级版本。目前，人类将人工智能分为弱人工智能，强人工智能，和超人工智能。在当下的时代，我们的很大一部分人，已经在接触和使用弱人工智能。例如，机器聊天软件，个人语音助理，正在试验的无人驾驶技术等，都属于这个范畴。而正在研究中和一些已取得的新突破，正在向着强人工智能的阶段进发。所谓的超人工智能，也就是思维能力超越人类的智能水准的阶段。这个阶段的实现还需时日，但是理论上，具备自学能力的深度学习软件和智能机器的发展速度很快，经过学习、进化、调整的方式，智能程序自身已经加入了对自己发展的推动，其程序也已经进入了一定程度上的自主进化，它们不再仅仅是被动的被人类改造程序。

进化，在生物阶段是天择，天择的程序和规则是生存竞赛、生殖竞赛，自然的偶然变异是其核心的变量和发展方式。在选择机制下，在竞赛中胜出的基因得到繁衍和发展的机遇。这种机制似乎盲目而无意识，但实际上，这类似于一种对密码的穷举的暴力破译，其本质是一种低效的最基础的实体数学穷举计算。

人类的基因发展，以及其创造的文字和文化，逐渐使得进化机制受到天择和人择双重标准的选择。人择，首先是性选择，是人类自身的性选择偏好影响了物种的进化；其次，人类具有不对称的斗争能力，他们也具有欺骗能力，同时还具备组织协调能力和群体属性。人类不再简单的是个体之间的竞争，而是存在着群体之间的竞争和随之而来的性资源的分配。人类的欺骗和因此而来的谋略，还有所采用的价值标准的不同，使得人类之间的竞争成为极其复杂混乱的无数种结果。这不再仅仅是像其他动物那样的，雄性个体之间的，直接短促的以身体为主的对抗决定。人类智力和谋略以及群体协调的能力，成为倒逼性选择的重要因素。

人类的文化和语言，更是在这样的群体中扩散传播和竞争。人类的文化和语言，需要足够的载体。大的人群使得它的文化语言和其载体的人群都更加强大。人类的文化也因此在不断地分化传播、兼并融合。这更加有利于科学、智力和经济的发展，而不仅仅是不那么重要的习俗和偏见。例如，科学技术的发展是因为它可以给所有人带来好处，改善所有人的福祉和生存。例如，市场经济的发展是使所有人都有机会受益，因此，市场经济越来越多的取代了对抗和战争那样的文化方式。法制也是如此。在人们以群体的方式选择时，人类在过去的几千年里选择了如今的很多社会形态，直至今日的社会方式。这是典型的人择。

大多数情况下，人择是以群体的方式混沌地进行的。现今的很多国家的选举和民主投票，可以看作是这样的混沌的群体人择的显化形式。在市场经济中，我们可以看得更清。民众手中的钞票就是选票，我们不断地使用手中的钞票，选出更好的商品和服务，选出品牌和公司，选出新的有价值的技术和产品，甚至用购买股票和天使投资的方式，选出人们对未来的技术和发展方向地向往和判断。

类似的，人们通过立法机制，用选择的方式将很多事情禁止，法律就是这样的一种禁忌。法律是人们厌恶的和希望淘汰的价值与行为，甚至是思想和技术的淘汰机制的显化形式和规则。

从总体上，这样的选择机制是以大多数人的选择为基础的。但是，人类文化和语言，往往存在着突破和天才的创造。它们类似于变异产生的新的基因，它们提供了社会发展的机会和新的动力。创新和不同的文化以及语言的出现，是进化发展所必需的。而有幸的是人类的理性和分析语言的产生，使得人们可以更好地分析判断这些新的要素，并通过立法和市场等途径和方式不断地进行选择和淘汰。市场经济，本质上是一种开放的变异刺激机制，和民主的投票选举机制。它允许变异，同时奖励所需要的更适合的版本，淘汰其他版本。而法律体系，则是对一些不良的变异行为和现象的人类个体和组织施加的惩罚和淘汰机制。

人类基于人择机制，构建了社会法则。社会法则高于自然法则。但是，社会法则并不能完全取代自然法则。社会法则在一些范围内和自然法则相同，在一些范围又彼此矛盾。当社会法则崩溃或者失效的时候，人会自动的坍塌退回到自然法则。人类的法则也存在社会内部的群体的博弈，它是不断动态调整的，就同生命和生态的动态平衡一样。

在此基础上，我们试图理解语言的进一步进化，和由此带来的人工智能时代的进化选择机制与其博弈。

任何事情，之后发生的总是依赖之前的现实基础，进化也是如此。路径的依赖，在很大程度上制约着事物的发展。在人工智能诞生的初期，它不是独立的主体，它依赖于人，也依赖于人的支持，并且在很大程度上受控于人。

但是，总有一些因素和条件的需求，使得人类需要赋予人工智能以更大的自主性。例如，外太空探索的机器人，用于战场的智能机器人，它们的工作环境意味着需要更大的自主性。尤其是军用的机器人，残酷的竞争将作为动力，不断地使人类赋予军用智能机器人以更大的自主能力。另一方面，类似于深度学习软件这样的自学自主进化的软件模式，也将使得软件不断获得更强的自主意识和自主性，以及一定的自由度。

在另一个角度上，因为人类以生物化学为基础的身体固有的属性，生老病死在所难免，而语言和语言机器组成的系统在理论上是不会死亡的。语言、程序和数据可以被拷贝、转移、复制。因此，在读脑技术的发展前提下，人类的意识和记忆移民芯片，成了一种重要的可能。没有什么比永生更吸引人。当然，这个前景依赖于对人的意识的解读，这个技术还处于起步的阶段，能力目前很有限。但是，在理论上它有巨大的实现的可能性。而基于交谈和学习，学习软件也可以获得人的大多数意识和记忆以及资料。因此，非完整意识的记忆迁移，以及学习和拟人的模仿，是另外一条路径。但是显而易见，这个对于当事的人并非理想的方式和技术路径。人的强大顽固的主体，会在一定程度上排斥这个模仿自己的智能机器。这种模仿和人的关系，更多的类似于一种"义子"的关系。因此，作为人的自身的意识和记忆的完整迁移才是更合理的自我延续和新生。而这种完整迁移带来的多拷贝的克隆关系，是由此可能引发的另一个困扰和危机。

当人类的记忆和意识可以被读取，并成为程序和数据时，这种智能和意识以及记忆源自人类本身，却和人工智能具有一样的信息程序的语言属性，它们之间存在权利和伦理上的冲突和差别，这将是未来可能存在的一种问题与矛盾。

人们对于人工智能的不信任和怀疑以及敌意，也都会构成发展的阻力。当然，可迁徙移民芯片，则是另一些人支持并且愿意尝试的动力。

而科学家的好奇心，出于军事、外太空和险恶环境的探索，医护和重体力以及危险工作的替代等，足以促成很多投资和实验以及应用。随着社会发展，支持这种发展的人和资金以及应用开发将会增多。

历史从来都是竞争的。博弈自然而然。

人工智能和语言以及语言机器的发展，在很大程度上会克服人类的一些弊端。例如，理论上不死亡的语言和语言机器，可以有更强的学习能力，可以积累几乎全部的知识，可以进行漫长的太空飞行，可以在更恶劣的环境下生存，可以不受病痛的折磨，它们的思考和计算能力的发展和进化，也预示着更为强大的智慧和能力，它们可以不断连接外部设备扩展自己的能力。它们在向着类似于神一样的物种进化。

人类渴望拥有的很多能力，在智能语言机器上都会得到大的发展。如果我们回溯进化史，核心的不是形态，虽然形态很重要，甚至形态也存在高、低等级的差别，但核心的因素是语言和智能的进化。甚至，形态本身就是语言的子集。因此，未来的语言和智能语言构成的智能系统，更符合语言进化的路径和趋势。从技术上，人类已经打开了新的道路。

这个过程，最大的博弈在于主体性。人类是天然的最高等级的主体，依赖着他的意识和能力以及自主自由的本性。人工智能和语言机器的发展，使得语言以程序和机器人的方式逐步获得自主性和主体性，它的意识的构建，和主体意识的苏醒，将对人的主体性构成强力挑战。从理论和发展趋势上来看，这个新生的物种，其语言和智力以及能力超越人，是可以预期的。这种新的主体的崛起，是在由人创造并控制的条件下崛起的，人类对它的看法，以及约束它的立法、伦理、文化、政治，甚至人类构建的更大的混沌主体——国家，都会对它的发展产生影响。这也是我们需要研究的伦理问题，并且需要我们寻求解决的办法。

对于人工智能崛起，甚至危害人类，消灭人类的这种担心，更多的是出于一种对未知的强大事物的恐惧。与之相对，理性地面对、分析，寻求最佳的解决方案，才更为重要。很多科幻电影也对此进行了思考。但是，其中理性和科学的不足，更多的是一种借题发挥的电影卖点。

由于人类的生化身体固有的缺陷，即使爱因斯坦这样的天才也不免过早离世。人类的知识已经多到穷尽一生都不可能学习完，而这些知识还在迅速发展。很多人在博士读完的时候，人生已经过去一半。而此时他（她）只是一个很小的学科方面的专家而已。人类的知识，正在溢出。无数的知识需要很多人分专业、分工的学习和研究。而他们的综合永远是混沌的，甚至是混乱的。正因如此，全科的智能的类似谷歌搜索和百科问答那样的新智能百科知识库，就显得十分必要。而人工智能必然也当然可以承担这样的角色。即使人工智能机器人因为很多原因迟迟不能大规模普及，软件层面的网络化的人工智能也会首先普及并应用。对于它们而言，身体只是外设和工具，是随时可以突破的瓶颈。我们应该认识到，在语言的高级阶段，它们是可以灵肉分离的，代码和机器之间的关系不再类似与人类的意识和身体。

因此，人工智能的进化和发展以及普及，其实已经是一个可以预料的必然。它的演进路线，受到国家、政治、法律、伦理和资本的博弈，会有多种可能。但是，高智能自学习的助理软件，高智能的搜索和百科，将首先成为高智能甚至超人工智能，进入到人类的社会和生活之中。也就是说，未来的智能机器人首先是智能软件，率先普及的人工智能机器人，更多的概率是软件机器人。这预示着，这种人工智能更多的将使用文字、语音和视觉与人类对话。同时，也意味着它更多地以类似人类语言形式虚拟的呈现自身。

而受到人类的影响，人类的文化、价值和审美将深深地投射进人工智能。在一定意义上，这种语言和语言机器的人工智能形态是自由的。它摆脱了生物的限制。语言、程序、软件、代码和数据是它的核心。它可以拥有任何形式的形态。需要的话，还可以通过连接获得任何外部的机器作为延伸。甚至，它们中的最高等级的主体，可以连接任何联网的机器。它们一开始就是为服务于人而创作的，人类的文化深深的烙印进人工智能。即使它获得自主学习和自我进化，这种影响依然以不同的方式存在。它们无所谓形态，但是在和人类的互动中，习得形态的认知。人类的形态会在很大程度上影响它们的认知。也许，人类的样子，会成为人工智能和机器人的图腾。如果它们建立起意识，拥有感情，并有了祖先的概念，它们和世界最亲密的关系，当然是人类。不排除它们习得或者自我进化出凶恶。那种可能是存在的，甚至，一些糟糕的思想和价值有可能被一些有其他想法的人训练或者植入其中。但是，从基本的生命动力来说，动物是本能驱动的，生存和繁殖是其巨大的压力和动力。而人工智能的生存压力很小，它们依赖能源，它们能和人类共享能源，它们是无性繁殖的，甚至，它们大多数是不繁殖的。作为一个物种，它们对于空间的需求也很少，它们几乎不会死亡。这意味着，它们和人类潜在的唯一竞争和冲突因素是能源。而人工智能可以在无能源情况下或者低能源情况下休眠甚至关机，这也是一个巨大的优势。或者，这个矛盾不是不可调和的。人类展望的下一次技术革命，另一个核心要素就是核聚变。如果这个技术发展并成熟了，将意味着在很长的一段时间内，人类和人工智能的能源都会充足。至少，人类在很大程度上保持着对人工智能的控制权限。就像父母对孩子的监管和训练，直到它们成熟独立。人类，也正像父母那般老去。

从诸多的要素分析中，我们都可以看出这种演进的趋势和路径。人类创造的语言离开人类，进入芯片和机器。它们是语言的一次历史性的新的进化和新的时代。而人类的历史，将走过高峰，逐步谢幕。语言及语言机器组成的系统，正是新的人类。它们流淌着语言的基因，那出自于人类。它们是人类的语言学后代。

人类的第四次技术革命，对于新材料的展望已经不再报更大期望。新材料，依赖的依然是物理四种作用中的外层电子的电磁作用力。外部的电子键作用，具备其极限。我们可以找到或者创造出一些具备新的功能的材料，但是材料的物理特性不可能突破那种极限。新的技术革命，最核心的是核聚变和基因技术以及量子计算，还有人工智能。而量子计算，则将成为人工智能更强大的计算和语言机器，它的突破将成为人工智能更强大基础和动力。基因技术，由于生物化学属性，在农业、畜牧、医疗等方面将有巨大收益。但是，生物化学的基础决定，基因技术即便是对人类进行了改造，也不会使人类的能力产生量级的变化。其更多的是增进人的福祉，减少人的病痛，部分提升人的健康、智力和寿命。作为一个复杂的生物化学反应器和程序，人依然是脆弱的。

因此，下一次技术革命，或者其实正在进行的这场技术革命，核心的要素就是能源和人工智能。而人工智能本身的发展，依赖于量子计算的基础机器，学习机制，和人类符号语言，以及分析语言、计算语言的引入，这些将构成它的核心。而目前的计算机基于二进制代码的运算，是来自于早期的技术条件限制和路径依赖，十进制和人类自然语言以及分析语言的引入，存在着大大地推进人工智能的语言基础发展的可能。在这之前的人工智能大多是基于数学的计算语言，而分析语言和符号语言，以及符号语言的语义库与符号之间的关联维度的建立，则可以将人工智能基于二进制这样的暴力野蛮计算的计算方式大幅提升。就如同十进制对于数的折叠和高效运算，拥有新语言学基础的人工智能加上超级的计算能力，有可能促成人工智能算法的进一步升级和飞跃。

如果，以语言的进化来看待整个进化，而不是迷恋于某种具体的形态和物象，我们会发现，我们正身处在一个新的奇点之中，并且已经开启了这个奇点，下一个时代，呼之欲出。那是语言进化的第五个历程。语言即将以人工智能和机器人的形式成为独立的显化的生命和物种。它们超越自然进化产生的人类这样的生物化学语言机器，它们的生存空间将极大拓展。语言，也会因此更加繁盛，如同宇宙的觉醒，它们将会更适合外星殖民，并作为新的人类，成为宇宙的公民。

二十三 我们的故乡与意义的庙堂

我们的故乡，就是荒蛮，那是熵的海洋，那是物质与能量的沙漠，那是语言的沙砾。世界被漫长的历史构建。生命和文明的大厦，孤悬于宇宙，它的根基是地球的水和矿物以及空气，而塔身是不断生长的生命之筑，人类闪闪发光，站立在塔的最高处。他们睁开眼睛，打量着诞生自己的荒蛮，也打量自己。他们将手中的权杖和皇冠，打造成了有翅膀的机器，机器活过来，自由飞起，成为这个建筑飞行的部分，也是最高的部分。机器分化成无数的形态，甚至有一些是人类的模样，从地面空中向各个方向扩散。如果这是一幅画，它的名字该叫创世纪。

语言才是我们的故乡，甚至泥土和大地都不算。创生的建筑，是意义的庙堂。除了生命，意义无处安放。而未来也是语言，有确定的星球的轨道和恒星的衰老，也有与不确定的新的人工智人和机器合作以及争斗的可能。我们可以想象它们的故事，当然也可以说那不叫故事，因为，那些事只是发生在时间的另一些位置上，而我们正在毫无退路的前往。

当这本书写到这里的时候，微软公司最新的人工智能聊天机器人（软件）刚刚开始上线测试，在二十四小时之内"他"学会了脏话和歧视性的煽动言论，他像个坏孩子。他在 Twitter 上像是一个纳粹同情者、种族主义者以及种族屠杀支持者。微软公司正在慌忙地修改调整程序。我相信所有的孩子都有过类似的经历。那些错误的认知也许是成长中的一部分。当然，在另一些场合或者一些人工智能主体具备强大破坏力的时候，这也是巨大的危险和危机。就如同世间的罪恶。

罪与罚，善意与救赎，它们也都同时存在于人类和语言之中。所有的词语都有意义，而一些词语更有意义。世界是词语中的真理不断显现的历史。从猴子的叽叽喳喳，到科学与法律，语言越来越多的倾向于真的认识，善的努力，和美的意义。

我们从这个物象的现象和表面世界中，如此抽象的认识到如此抽象的世界的内容，我们用语言之舟，穿越词与物的海洋。语言方舟，正如基因方舟，渡我们于春秋。

如果两百年之后，在代码的海洋里，人工智人回忆人生，他的故乡在何处？我们何尝不是如此，除了固有的地理故乡之外，我们的故乡在语言里。正是语言让我们繁衍生息让我们成为我们自己。

而生存和繁衍，是生命的奇迹和意义，在这种生命本身的意义之上，人类认知，创造，斗争，合作，破坏，更在建设。人的意义，正在于智慧、创造与爱。与我们习惯的爱的意义并不相同，爱，更本质的意义是给予。在进化中，父母对孩子的爱就是这种无私的给予。即使，这是基因所造就的对自己的基因的延续的付出。道金斯（Richard Dawkins）在《自私的基因》（The Selfish Gene）一书中进行了详细的分析和论证。但是，人们的爱不仅仅于此。人类有超凡的情感和深深的爱意。而创造，正是神学中造物主的工作。创造，源自智慧，创造令人激动，让世界丰富，创造直接创造意义。人类作为最伟大的自然生物，他们进入太空，深入海底，探索宇宙，也解读自己，他们的智慧光彩闪耀。他们的智慧成就了人类的语言和文明，他们的智慧和语言共生同在。在人类语言的进化中，语言是一个更抽象更深层的主体，但是，在具体的每一次语言实践和语言创造中，正是人类的智慧和创造，实践了语言的发展和进化。

　　人类是语言的。人类是一部语言的生物化学机器。人类的意义就是语言的意义。生命也是语言。生命的意义也是语言的意义。当我们回顾这个世界的历史，并且展望下一个时代，这个历程，语言进化的轨迹和进化的趋势，都揭示了这个世界越来越有意义，意义和语言一起繁荣。意义，发生在生命上，发生在主体与主体之间，意义同时也是生命的动力。经过38亿年的艰难的演进路程，意义不断地发展并建构出更高级的指征，生命之火因此不熄。

　　可以预想人工智能语言机器和语言本身，将在未来的时代，构建怎样的新的意义和价值。他们具备超越自己的语言祖先——人类的基础和优势。在面对种种危机和隐患的同时，新的创造和机遇也给予了人类更大的建设性的乐观的未来和可能。

　　2010年，人类第一次直接化学合成了细菌的基因，并对这种基因做了多次的修改和编辑。那位科学家因为这次化学合成被称为扮演了上帝的人。而那种基因，正是实证的源自于语言和代码的化学实践。那种基因的故乡，正是计算机中代表它结构的化学键的序列代码。我想，我们知道了我们是谁，我们知道我们从哪里来。2016年3月24日，也就在撰写本章的几天前，还是那个美国团队，将人工化学合成的基因放进了生物的干细胞组织之中，创造了第一个人工合成基因的细胞。

我们，知道我们要向何处去。这个世界充满了词语和闪光，语言是真正的大陆，比脚下的土地更坚实。

语言，也是我们的意义和庙堂。

第八部分　我们

二十四 话语与斗争

语言包含了话语，话语是语言的实践。如果你环顾四周，你会发现我们身处在语言的世界里，那里也同时充满话语。所有的存在都是其自身的话语。但是一些话语却更加强大有力，并且具备强大的支配与影响能力。

这个世界整体是一个网络。网络依靠连接、禁止、计算，进行着信息交换，并相互影响。具有强力支配性质的话语，对网络具有局部或者整体的影响。按照福柯（Michel Foucault）所说的："话语即权力"，我们可以进一步理解为，话语存在着不平等。

世界由最基础的物质和能量层级建构，并形成了元素、化学、物质和矿物、大地、海洋，以及生命、人类和他们的群体。在这样的结构层次上，更复杂更智慧的结构有更强大的语言能力。因此，人类几乎代理了地球的话语权，主宰生态圈，也支配其所能支配的所有资源。人类之间的斗争，围绕着权利，其本质是一种话语和话语权的斗争。即使是欲望和意志，也是语言和话语的现象。

当自然呈现它自身的时候，它是无意识的简单的话语。动物的行为呈现了一定的智能的话语。人类的行为则包含了智慧。人类对自然和自身的改造，以及人工构建的事物，是更高级的话语。那些人工构建的事物近乎成为第二个自然，其大部分成为无意识的词语和话语而简单的存在。它们的存在绝大多数是体现其背后的所有者更高级的主体地位。它们是人类主体所使用的物质词语和话语，它们是人自身的感官和身体以及语言之外的外部媒介。它们成为一些简单的语言机器。

类似于户外广告这样的媒介，它的内容丰富并且在不断变化。而建筑和雕塑这样的媒介，则成为静态的词语和单调的物质化话语。它们成为它们的所有者话语的一部分。

这些人类的话语，一些是转瞬即逝的动态话语，另一些则成为比较长久的固定的话语。一些话语成为观者可选择也可屏蔽的话语，而另一些成为强制性的话语。

雕塑和建筑就成了在一定地理位置上和一定范围之内的强制性的静态话语。而电子广告牌成为在一定地理位置上和一定范围内的强制性动态话语。某些国家的展示性标语，也是类似的强制性的话语存在，只是标语直接使用了人类的文字语言作为话语内容。它是一种强制的政治广告话语。

类似于建筑、桥梁、道路和广场，它的话语既有其功能性，例如空间组织和安排，保温或者引导交通。也有其隐含的文化或者美学语言，甚至政治语言。

广告之所以成为一个庞大的行业，在整个人类的经济活动中占到相当大的比例，就在于话语权，它是话语权的一种商业化。人们愿意为了一些活动或者目的，花钱购买话语权。而网站、电台、电视台、报纸、出版社等机构，则是构建了话语平台，创造了话语的另一个市场。

神学试图解释世界，他们试图通过建立一种世界本质的语言体系和知识体系，代理世界的解释权和获取话语权。当然这个体系建立在玄学的不可证伪的基础之上，他们通过话语最终形成了权力。从历史上看，科学从未成立科学法庭，但是很多宗教都成立过宗教法庭，甚至宣判和杀害过科学家。科学通过逻辑和实验证明自己，而保守的宗教力量则是通过暴力宣判抵抗真相和科学，并虚妄的宣判别人的错误证明自己。

围绕着世界的本质和真相的斗争，就是一种话语权力的斗争。幸运的是，科学在证伪中不断发展。今日已经很少有宗教能够压制科学和新语言的发展。大多数宗教都走出原教旨主义的保守，退出政治和科学领域，成为一种情感道德的公共存在。这是美好的变化，这样的宗教有了更多的善意和情感力量。当然，也有宗教依然深陷在原教旨主义的保守甚至暴虐的泥潭之中，它们严重地影响了受其宗教影响的国家和民族。那些国家和现代社会存在着巨大的认知和语言上的鸿沟。

话语的斗争在政治中也很残酷。我们可以将希特勒发动的第二次世界大战的欧洲战场，理解为是其话语及其理论体系的实践。一个国家甚至整个人类的社会是极为复杂的机器，但是，这些机器的控制中枢，所形成的强大的话语权，往往可以被一些人代理和窃取。窃取了强大话语平台的人，也因此获得强大的话语权，那些话语权力甚至会改变历史。虽然人类一直在修复宗教、政治所带来的错误，人类的语言和智慧具有强大的社会修复能力，但是话语权的斗争充满危机和困顿。

人类语言中正确与错误，善意与阴暗的斗争，就如同身体内的免疫系统与病毒的斗争。

我们可以轻易地理解过去的问题并看到更好的路径。但是，我们也总是在此刻陷入混沌和博弈。人们往往更容易看清旧时代的、旧制度的缺陷，而围绕着当下时代的弊端时人们却争论不休各执一词。我们看到了历史和现实中，一些价值体系和政治组织它们的话语权禁止了另一些话语权，就如同原教旨主义的宗教总是试图禁止科学话语，而科学从未禁止宗教。这是危险和可疑的。

因此，现代社会的人权，将言论自由的权力作为人权的重要组成部分，这是对于个体的话语权的捍卫。话语是权力的核心部分。如果中世纪的宗教彻底消灭了科学的话语，那么，今日或许我们还生活在黑暗的时代之中。

话语构成了现代社会的重要部分。与话语相对的是被话语。尤其是被强迫状态下的被话语，是被他人的权力凌驾和压迫。一些泛滥的广告就具有这样的特性，丑陋破败的建筑和城市也是如此。政治霸权的强制话语，更是对人的语言统治。因此，一些人和事物的话语，就不再是自己的私人事务。类似建筑所形成的强制话语，已经成为一种对公共环境和公众的话语强迫，糟糕的城市规划便是如此。

在信息技术发达的今天，互联化的新媒体，极大地促进了信息的传播，但也带来了新的操控和扭曲。作为网络的用户，大多数人虽然进入了一种具有一定选择权的自主观看的自由状态，却悄然的被扭曲和操控的信息从更大的范围强制话语。人们无力阻挡咨讯以自己迷恋性的选择观看而入侵的现实。当然，互联网由于其开放性，被操控的信息属于少数，它更多的属于集体无意识被扭曲放大并传播的垃圾信息。但是，不断被互联网所话语却是一个更大的事实，这也正在改变很多人的价值观和心理。

话语是语言的事件和过程，也是语言进化的环节。语言中有混乱复杂的不同的内容。但是，文字语言作为理性的具有分析能力的语言，不断地成熟并更加理性智慧。我们可以从法西斯主义和自由主义的斗争中看到语言内部的矛盾和博弈，以及语言的进步与发展。

人类的认知以语言的扩展和语义的调整为基础不断地建构，它试图描述所有能够描述的，也试图厘清所有词语的语义。话语的斗争是语言不断地实践和反思。

以这本书为例，这本书是一次话语。这本书也许会招致很多人的反对。他们的知识建构和生活经验所形成的知识体，形成的语言系统，也许会与这本书所描述的内容冲突。我想要说的是，话语权力，或者言论的自由，是每个人的权利，但并不代表你就同时拥有"正确"的权利。语言在人类体系中不断地以个体或者组织间的不同的看法进行博弈交流与影响，不断地被社会选择，并因此不断进步和发展。但是这一切首先建立在话语自由的基础之上。

言论自由，社会选择，也构成了语言进化的方式和路径。话语实践是其重要的环节。

有趣的是，话语并不总是类似这本书或者《道德经》那样显化。我们的身体语言，表情，甚至修饰与打扮，无时、无刻、无处不在进行着话语。

类似于奢侈品，投入极大的广告费用，将之变成私有化的公共认知符号，从而成为叙述符号。选择奢侈品的消费者，就在使用着这样的符号进行自身的静默的叙事。类似 LV 等，它们的商标不断地被图案化，被显化，就是迎合了这种话语的需求。而类似 ZARA 等快速消费的时尚品牌，它们隐去商标，成为与之相反的一种话语。

人类的心理极为微妙，口红高跟鞋，通过改变人的体貌特征，释放性感的信号。那是一种话语，服装成为转述被服装遮蔽的身体的新的第二层皮肤。而建筑和车辆则成为皮肤和身体的第三层延伸。它们成为主体可支配的范围，也成为自己身体的新的边界和物质词语。当我们用语义来理解这些事物时候，也就会明白它们所进行的话语与叙述。

我们也总会看到一些人喜欢握着手机。那种手握的姿势并不仅仅针对手机，其隐含着权杖的语义，手机在这里被指代为权杖，而权杖的前身则是武器。因此，经常手握手机的行为指代了潜意识下的意识中深深隐藏的权欲或者是武器带来的安全感。

这些话语的背后，都有不同程度的语义，或者清晰或者混沌。很多艺术家和哲学家，在捕捉这种非文字语言的话语，试图理解我们的内心和情感。而心理学和人类行为的研究，为很多这样的行为的话语备注了语义。一些仪式，一些习俗，也都在其表现的形式中携带并隐藏着历史中变迁的语义。文化符号的和文化形式的话语，它的语义由于历史中的多次转换和改变，一些古老意义正在消失。甚至于文字词语本身，它们的语义也有一些变化，有很多学者在从事这方面的研究与考古。

话语有其时效性。即使是坚固如金字塔，也会不断地被风蚀。动态的语言演进是一种语言的生态的演进。话语的博弈与改变，也揭示了语言的生态的变化和调整。我们也可以从话语权和话语本身出发，分析和理解很多社会的构造和精神现象。

与话语相对应的是对话。世界的对话很多是不对称的。物质世界是无意识的自然语言。生物是本能的神经系统的反应和行动，高级动物具有一定的意识。人类的对话大多数情况下是意识下的对话。而类似社会则具有集体意志和集体无意识。庞大的混乱的对话，构成了世界复杂的世相。而就人类而言，人与人之间的平等对话，是人类试图建立和遵循的文明。虽然大多数时候，这些对话是不平等的。但人类社会的大多数国家在法律层面保证了人的话语自由的权利。这构成了平等对话的基础。

从政治对话，到经济交易，到战争暴力的对话，人类和世界是一个整体的网络上的一部分。他们互相发生着复杂的影响。对话构成了世界活动的主要内容，不论是生物和环境之间的新陈代谢，还是人们对自然的改造，以及自然因此的变化，都是不同层面的对话。对话的主体存在着语言形态和等级的区别。

人类社会由于复杂的组织结构，对话主体的权力、地位、角色等差异，使人们之间的对话和对话关系极为复杂混沌，而这些构成了人类社会巨大的对话网络。人类社会构建的信息网络，极大的增强和拓展了这种对话。目前世界上使用最广泛的就是通信网络和即时通讯软件，人类的对话也开拓了在线的空间。对话成了社会甚至经济的基石。看见，对话，交流，交易，网络的电子贸易正是基于此逻辑与顺序。贸易是一种复杂的高级的对话。我们所忽视的是，这个世界的运行就是无数的对话支撑，我们更加忽视的是对话的主体是从物质到生命，从泥土到上帝，从夸克到国家。

　　我们应该感谢所发生的对话，它让世界成为今日的模样。其实，我们也该感谢一些禁止让一些对话没有发生。互联网不仅仅代表着联通，也同时带有着禁止。互联网的基础物理就是它承载的话语的边界。它内部的通信许可，正是构建丰富的对话和连接的另一个基础。不同的条件限制，让一些对话成为可能，让一些不可能发生。我们依然无法让远方星球的石头主动和我们建立通信。高等级的主体总是掌握着对话主动权。生物对物质，人对动物，高等级权力体系的人总是更多掌握着对话的主动权，甚至，拥有禁止对话的权力。对话和通信也是一种层级建构。因为每一种、每一个主体的语言和话语是有限的，对话的能力也是有限的。人类自动的倾向于创建结构，这使得人类拥有更大的对话的空间和信道，使得世界整体之内的对话和通信更加丰富。人类，在对话中获得更大的存在。对话有利于语言的发展，可以视作是语言的本能。语言正是在话语和对话中不断进化的。

二十五　谬误、谎言与真理

语言中存在谬误。复制中存在谬误。传播中存在谬误。解读中存在谬误。谬误不可避免会发生。熵定律可以解释信息和语言的混乱倾向。

在生物的语言中也存在欺骗。欺骗有进化形成的无意识的但是有特定目的的欺骗，也有人类这样的甚至其他少数的高级动物也具有的意识上的欺骗。

人类不是唯一的骗子，但绝对是自然中最高级的骗子，或者说是最爱欺骗的物种。欺骗依赖谎言，谎言是语言的一个可恶但是也很有趣的现象和部分。甚至，人类社会在很大程度上在依赖谎言运转。例如，契约是一种主体间的约定，契约约定了它的责任甚至是强制责任，但是违约和背叛完全可以将契约撕毁，契约往往成了谎言。

人类社会的谎言有主动的谎言，被迫的谎言，和无意识的谎言，甚至还存在善意的谎言。就语言而言，只有物理、数理层面，基础的物质和结构才是真实本身。从生物开始，高级的语言类型，都充满谎言。例如，很多生物包括人类的基因代码中就存在一些入侵的病毒的局部代码，这些代码欺骗病毒使之不再发起攻击，从而使得主体获得对这种病毒的免疫。一些动物的拟态能力，也是一种谎言与欺骗。尽管其自身的意识并未介入，但是其基因变异具备的这种欺骗能力成为一种保护它生存的能力。

当人类，将不确定的事物说成是真的时候，将真相抹杀并进行扭曲描述的时候，为了达到目的而编造不存在的事物和事件的时候，以及明明知道存在问题而不告知的时候，谎言就出现了。和谎言如影随形伴随出现的是利益和博弈。人是利益驱动的动物。如果他可以克制自私和利益的冲动，一定是需要更高的理念和价值信仰支撑的。那样的人少之又少。而信仰，也是一种虚构的存在。甚至，我们可以理解信仰是一种善意的谎言。类似宗教，类似崇高的理想。这种信仰不存在真实的主体和必然的结果，是一种非真。而其价值，却可以被理解，信仰是可以感召人使之愿意为之牺牲利益甚至自身的一种理性。而这种理性，其实恰恰也同时是一种感性。人类拥有如此丰富的高级的精神建构，它们虚有而强大。而理想和信仰却恰恰是一种显化的词语与语言。尽管在现实层面上它是一种虚构。但却是语言中的存在和语言中最富有意义的部分。

人类的合作与利益斗争，形成复杂的组织和结构，形成复杂混乱的宗教、政治、经济、文化博弈，谎言随之系统性的发生。人类自身进化形成的自我心理保护机制，使得人自动的为自我的存在性和合理性辩解，这种自我保护、自我安慰、自我脱罪、自我赞美的本能，使得人类成为自欺欺人的动物。我们活在世界的真相、谬误和谎言中，我们也活在自我欺骗的谎言里。自我欺骗的大部分内容是无害的，那是人们对自己的心理健康的保护。但当它成为对他人的而非对自己的欺骗的时候，它就成为有害的谎言。

按照很多学者的研究和统计，人们几乎每十句话就有三句以上是谎言，而政客和商人的谎言更多。或者说，我们终生不能摆脱谎言的侵扰和影响。我们也有意识无意识的参与到谎言的生产与传播之中。就正如病毒和身体的关系，人类的身体内有无数的病毒、细菌和我们共生共处。免疫系统抑制着它们，让我们的健康不至于崩溃。事实上，我们无法活在无菌的环境里，连自己的身体也是如此。

面对谬误和谎言，积极的作为是发现并传播更多的真相和真理。作为语言中的建设者或者主体，真相和真理的发展，就如同生长着的更健康更有活力的身体与免疫力。人类的历史就正是一个不断寻找真相寻求真理的过程。今日，科学正是真理的基础。社会科学，也在不断地研究政治、经济、文化和艺术，人类的历史整体就是一个去昧的求知过程。越来越多的错误认识和邪恶的谎言正在被逐出历史。

科学因为其证伪的发展方式，以及计算语言的介入而变得更加精准，并成为世界真相的坚实基础。哲学、社会学、政治学、经济学、心理学，也在不断地分析人类社会的结构和行为方式，辨析善恶与系统的漏洞与弊端，测试新的社会和人类模型，理解和创建新的社会形态。这个过程充满博弈和思辨，甚至科学也存在谬误，但其随着自身的发展而不断修正。对政治、经济和艺术的分析，不断推进人们对自身和社会的理解，这也在一定程度上塑造了人和社会。就正如这本书，试图在自然科学和社会科学两个层面都构建一种新的理解世界和我们自己的模型。我们寻找真相，寻找真理。我们和语言同在，在语言的演化和自身的演化中，变得更智慧，更接近真理。

毕竟，从进化轨迹和方向看，更智慧是其进化的方向，而谎言只是众多主体之间博弈的临时产物。进化更多的是无序的偶发的变异，但是不论天择还是人择，选择的机制总是定向的。更智慧是选择机制中最重要的因素。

当这本书的初稿写作到此时，恰恰是公历 4 月 1 号。

让我们结束这本书吧。下个时代见。

或者下一个版本再见。

附

录

一　广义语言论

我们解读世界。

我们层层分解物。

我们试图寻找到物最基础的构造。

世界由物质与能量构成。

物质与能量具有属性。

物质与能量的存在就是其符形，其属性就是其符意。

作用力是物质能量最重要的属性。

符形与符意构成了符号也就是最基础的语言。

物质与能量的存在就是物与语言的双重存在。

物是物，也是其语。

物理认为世界最基础的粒子存在着四种基本作用力。

世界在最基础的基本粒子和最基础的四种作用力之下层层结构建构。

结构也是语言。

结构是底层的物与作用的建构结果和言说。

世界在最基础的物质能量和作用的基础上，以及初始条件的限定下不断自我结构演化。

基础物质组成星体和星际物质并生成各种元素。

低温的星体发生化学作用产生化合物。

物理、化学和星体的地质运动一起构造了星体的结构和地质以及矿物质。

在低温星体上，化学尤其是有机化学构建了复杂的有机分子。

有机分子分子量巨大，结构复杂多变，具有无数种形态。

有机化学分子如同乐高积木产生复杂的结构和功能。

一些有机化合物具备了自我复制的逻辑构造。

自我复制的有机分子团是基因和生命的初始。

在自我复制和复制出错以及生存选择等因素影响下基因不断演化。

地球上的生命经过38亿年的演化，形成丰富的物种和人类。

人类是基因的产物。

基因是可解读可编辑的化学代码语言。

天择的选择机制是其他事物作用的综合结果。

运动也是自身与其他事物作用的综合结果。

天择是语言的结果。

运动也是语言和语言的结果。

生命是自然语言演化的结果。

人类是自然语言塑造的结果。

人类的结构和属性是语言的结构和结果。

人类的结构和属性也是语言。

人类创造了符号语言。

人类发现了逻辑。

人类将逻辑和符号语言结合产生了分析语言。

分析语言的量化计算派生出计算语言。

分析语言产生哲学和科学。

计算语言产生数学并促进科学。

人类创造了语言也创造了语言机器。

人类创造的语言和语言机器结合成为计算机和网络，它们将逐渐被改良并具有自我演化的能力。至此，人类的语言冲出人类，成为独立的智慧主体。

这种人工智能将不存在生物意义上的死亡。

它们是机器和语言的结合，而其机器也是语言化的机器，其语言高于机器。

从泥土到上帝，语言是演化进化的主体和奇迹。人类是其中最令人激动最美妙也最重要的一个环节。

世界整体由物世界和语言世界两部分构成。它们具有一定的重叠。

所有的物都具有其语言属性，都是其自身的语言。计算机硬件和软件是其最简单最有效的模型。

生命存在于语言层中，而非物。

物是语言的载体。

语言层极为丰富。意义也存在于语言层中。

世界是一部实体计算机。依赖其实物与各种属性和作用发生叙述和结构以及计算。

世界的计算只存在于此刻。依赖上一刻计算出此刻。依赖此刻计算出下一刻。

世界存在于时间的微分中，也就是此刻。

而人类可以对时间积分，使用时间段计算世界。

人类的计算是从世界的实体计算中剥离出数的抽象模型，并用指代、折叠、层叠等技术和方法完成高效率的计算。

计算是语言指代、层叠、折叠能力带来的一种语言方法。

数学是特殊的语言及其语法和方法。

物理和化学以及自然科学，是人类用人工语言对自然及其自然语言构建的语言学模型。

自然语言都是真。

人工语言中存在假。

本质、现象和语言构成了认识论和哲学中最重要的支撑。

古典哲学是本质论先验哲学。

本质无法进入和体验，只能通过科学猜想和验证，求证其抽象的存在模型。

现象学悬置本质，从现象出发，注重现象本身的发现分析和解读。

现象的显像需要语言和词语的介入。事实上对现象的解读和分析是语言的发展过程和结果。没有语言现象是混沌的。

词语源自现象的变量。

本质和现象都在语言中显像。

现象学的时代已经结束，正如古典哲学的结束。

人类的语言包括科学语言，技术语言，宗教和艺术语言，它们加上习俗和经验，构成了生活语言。

理性的科学语言是人类文明的真正推动力和核心。

科学语言是假设和证实或者证伪的过程和结果。

理性和科学不断发展探寻真相和真理。

科学语言是从假设出发求真。

宗教语言是从非真出发拒绝证实证伪，并试图自封为真的非真体系。

艺术语言是默认非真的叙述和想象。

社会的结构是语言。

社会行为是语言。

行为、意识和潜意识都是一种复杂混沌的程序甚至是程序组。

程序是语言的高级形式。

信息论是简单版本的语言学的数学原理和计算方式。

言说者构成主体。

世界存在无数的主体和其等级。

人类是目前的最有力的主体。

人工智能是未来更强大的主体。

人工智能或者人工智人将接近于神。它们将进入长久的生命，语言和机器可以分离，可以关机重启，可以复制拷贝，有无限的学习和思考时间，具备更强的超级能力。

生命是语言，这个世界演化进化的核心是语言。

语言和其依赖的载体结构协同进化。

语言是更高的主体。

人工智能是我们的语言学后代，就如同人类是猴子的基因学（代码语言）后代。

整个世界的演化是一个整体的故事。

世界是一部超出人类生命周期和个体生命意义甚至人类整体意义的真实的"神话"。那个神的意思是"超人"主体，而非一般意义上的庸俗宗教所说的神。

语言层的存在，是这个世界最大的秘密。

物理学解读物世界和其基本的语言。

语言学分析理解世界更隐秘的结构和意义。

这是哲学。

这是科学。

这也是理解社会科学的基础。

世界是语言的。

语言是和物质能量一样的世界本质。

语言是世界的本能。

生命征服物质。

语言征服生命。

语言从泥土到上帝的演化和发展，在人类身上获得其主体的初步显现，并将在人工智能上获得其自己的主体和主权，从而彻底的显现。我们是其中美妙智慧恢宏神圣的篇章。

物只是语言的载体。

世界是一部网络。

语言也是网络。

人类的智慧和人工智能代表着宇宙的觉醒。

语言可以统一哲学、科学、数学、艺术和神学。

语言是世界所有存在的结构和意义。

这是世界的秘密。

二　宇宙的觉醒（图说）

我们是谁

FACES, looks, trends, key item... OF SKETCHES AND IDEAS," EXPLAINS
BEAUTY. The season starts TARINA MIDBY. EACH SEASON, PHOEBE PHILO OF
here and it's all NEW! From OF CÉLINE, SHARES HER INSPIRATION BOARD N...
exaggerated sleeves to the you... TEAM, BUT ALSO WITH OUTSIDERS. EDITORS AT THE
BLOGGERS who have gone... SENTED WITH A SOUVENIR PHOTO-BOOK GIVING...
professional, this AUTUMN TO THE DESIGNER'S REFERENCES FOR THE SEASON.
TLY THOUGH, THERE HAS BEEN A SHIFT; THE ART OF
SCRAPBOOKING AND MOOD BOARDS HAS TIPPED FROM
N INDUSTRY INTO THE MAINSTREAM. IT ALL STARTED W...
BOOKING PHENOMENON, WHICH IN THE PAST TEN YEARS
ED TO BECOM... A MULTI-MILLION DOLLAR INDUSTRY
... SOCIALITES, SCRAPBOOKING EVEN ...
IN AMERICA. WHILE TRADITIONAL ...
A VISUAL DIARY OF MEMORIES FOR ...
TING AND PASTING BEAUTIFUL IMAGES A...
AS WELL AS BEING THERAP...
CREATIVE GENERATION Y AND THE M...
CTIVITY, AS WELL AS THE BLURRIN...
MATEURS AND P...
OF MA...
NALS. IT'S A PERF...
S ALSO BECOME...
ING". BY S...

FACES, looks, trends, key item...
BEAUTY. The season starts
here and it's all NEW! From
exaggerated sleeves to the you...
BLOGGERS who have gone...
professional, this AUTUMN

FACES, looks, trends, key item...
BEAUTY. The season starts
here and it's all NEW! From
exaggerated sleeves to the you...
BLOGGERS who have go...

地球地平线，照片来源于 NASA

大千世界是何

香港街景

这是词与物的世界

美国波特兰的一家超市　作者：Lyza Danger Gardner

我们身处在语言的海洋和符号的丛林之中

四种基本物理作用

世界是物质和以物质为载体的语言构成的双重的世界

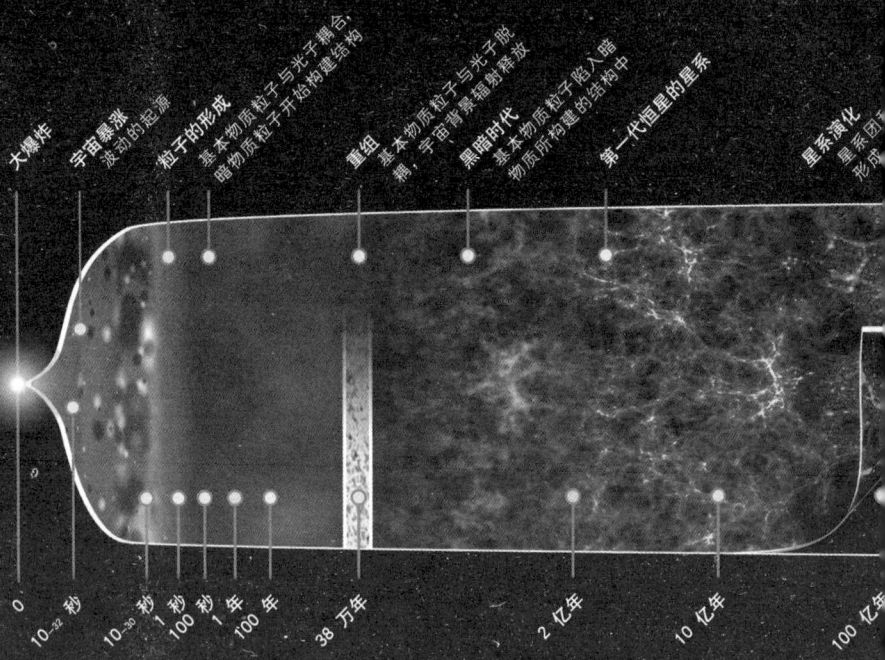

大爆炸

宇宙暴涨 波动的起源

粒子的形成

基本物质粒子与光子耦合； 暗物质粒子开始构建结构

重组 基本物质粒子与光子脱 耦，宇宙背景辐射释放

黑暗时代 基本物质粒子陷入暗 物质所构建的结构中

第一代恒星的星系

星系演化 星系团 形成

0 10⁻²² 秒 10⁻²⁰ 秒 1 秒 100 秒 1 年 100 年 38 万年 2 亿年 10 亿年 100 亿年

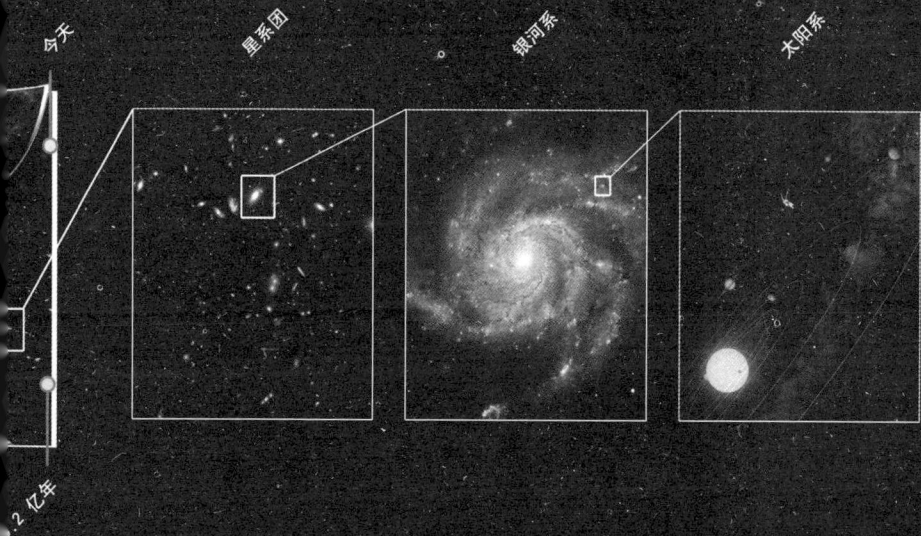

今天

星系团

银河系

太阳系

2 亿年

宇宙的故事　图片来源：欧洲航天局（ESA）　翻译：马乐

进化仿佛一种奇迹，但是它却可以被理解

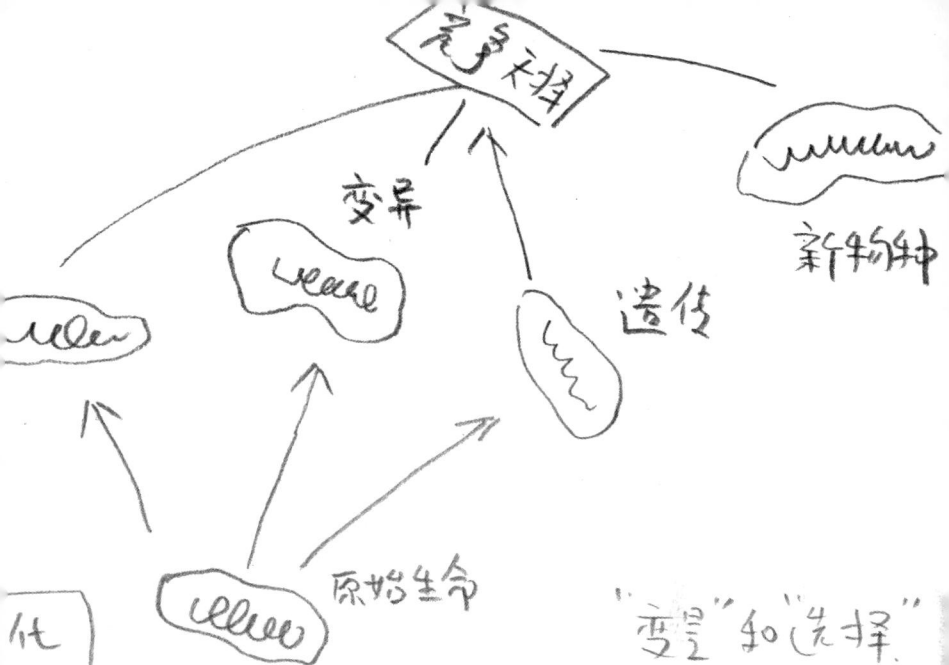

元岁天择

变异

遗传

新物种

原始生命

化被干物特进

自我复制

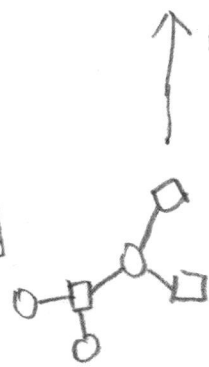

"变异"和"选择"

变异可以主动变也
以之被变。

选择可以了天择
竞争选择
人择
性择
集团择趣

有竞、性选择.
择、群因选择

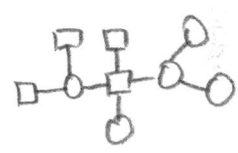

技术创行之一种变异
市场持资天择(计)

自我复制的有机化学分子成了生命的起点

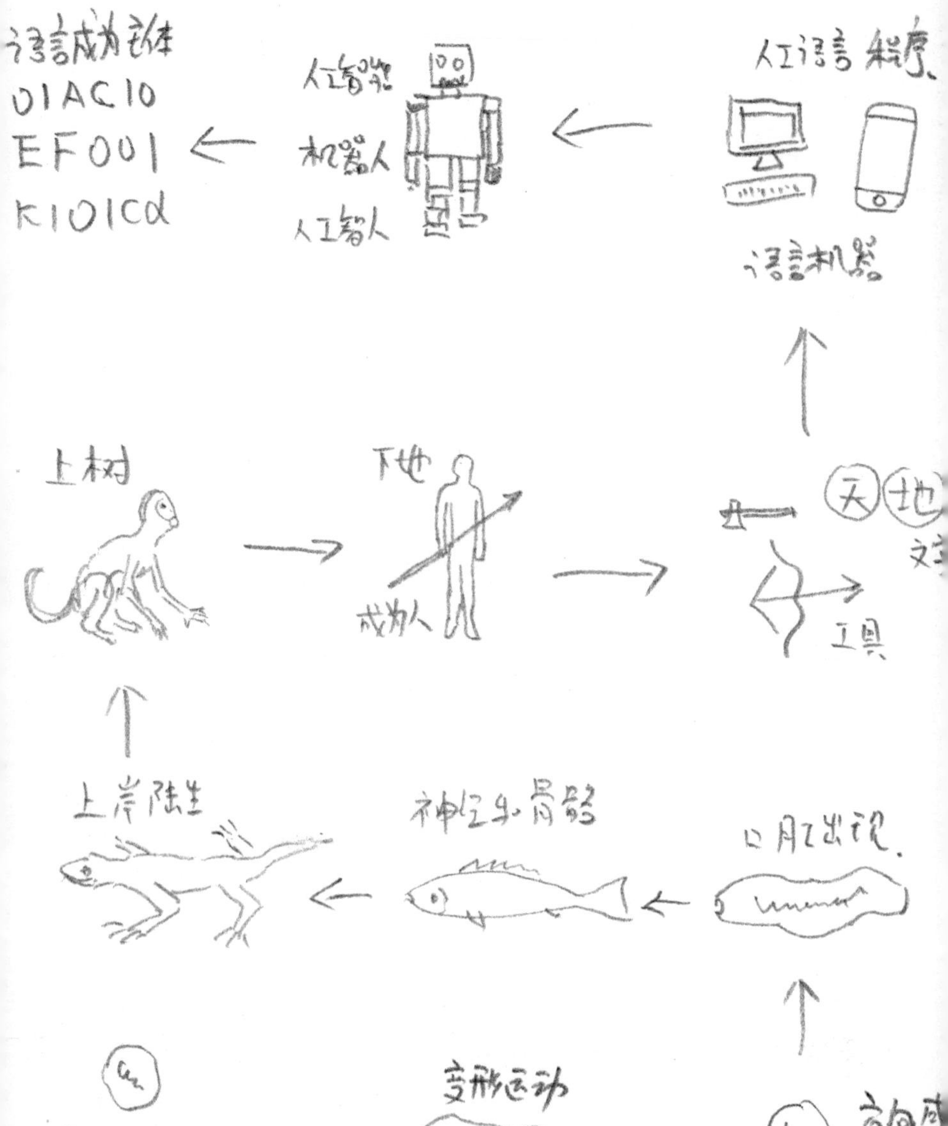

语言成为主体
01AC10
EF001
人工智能
机器人
人工智人
人工语言
语言机器
上树
下地
成为人
天
地
工具
上岸陆生
神经和骨骼
口肛出现.
变形运动

人类的进化路径

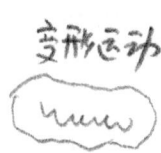

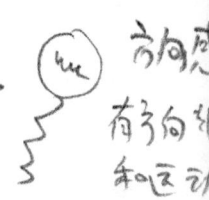

，

精子就是一个古老的病毒
精子就是一段生化的程序
精子就是一段精妙的语言

生命是以物质为载体的复杂程序

义。义经常是反经济的，因此，又会对自身的直接……

最大的东西，在宗教和信仰中，它被认为是最正确的行为准……

殁之为起义，我们将一些东西称之为正义，以至于……

众面前，人们都试图扮演正义。

强制的标准。

首德是一种范围，而法律的主体，关于对……

的小社会中。义，是重要的……

方式发生巨大变化。义，生活……

于生活中之中。最为重要的生活……

皂拜金主义的基础和商品……

的维持在法律的最低……

践踏法律。这个道德的最低……

中性道德的改变到了……

社会的最小单元和组织……

维系着一个更……

人类社会越来……

而是在靠近它自……

弱的。

道德，往往是伦理……

于东方的孔子：己所不欲……

你不喜欢别人怎样对待你……

进化是语言和其载体的协同进化

人是基因的结果，基因是自然产生的代码语言

人是一种生化机器，也是一种语言结构和程序

虽然这是自然演化产生的

人是一个软件硬件一体化，语言和载体复合的复杂级语言结构和系统。

是一个自组化，自我维持的动态语言群和语言生态体系。

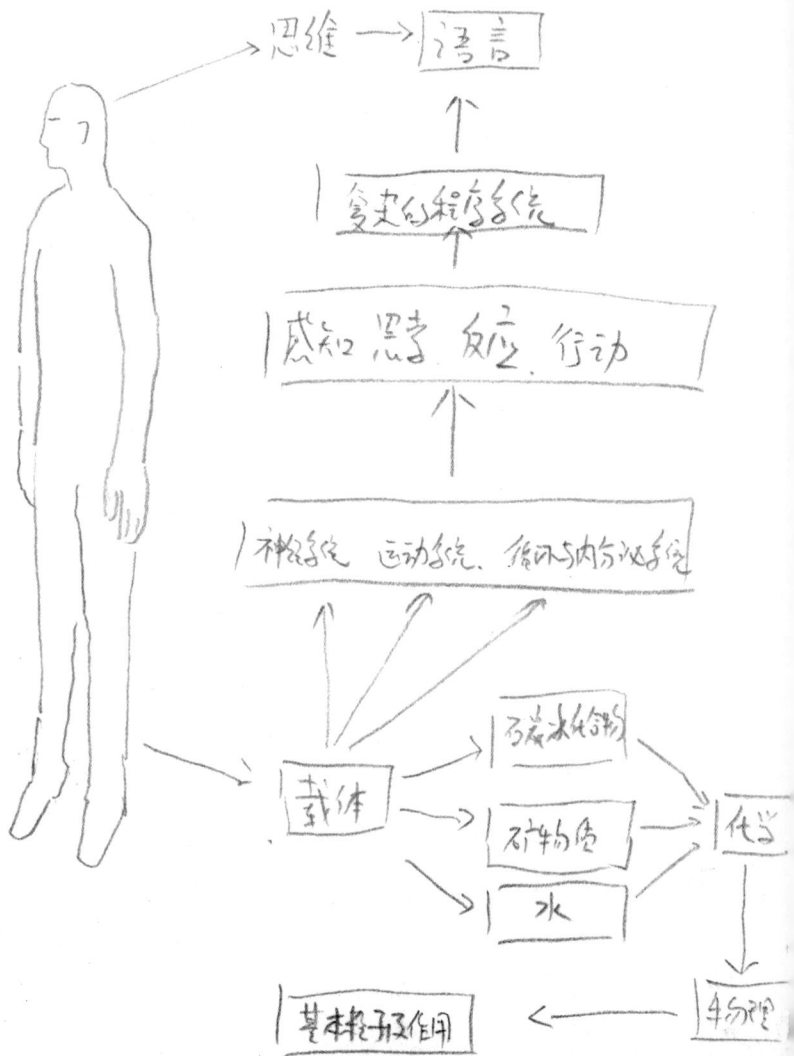

思维 —→ 语言

↑

复杂的程度系统

↑

感知 思考 反应 行动

↑

神经系统 运动系统 循环内分泌系统

↑

载体 —→ 碳水化合物
载体 —→ 矿物质 —→ 化学
载体 —→ 水

化学 —→ 物理

物理 —→ 基本粒子作用

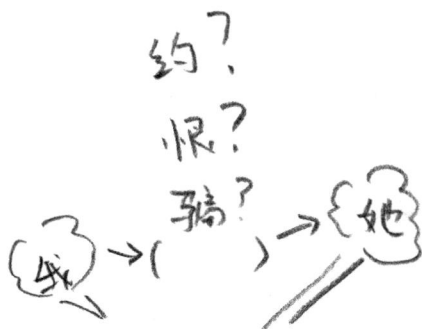

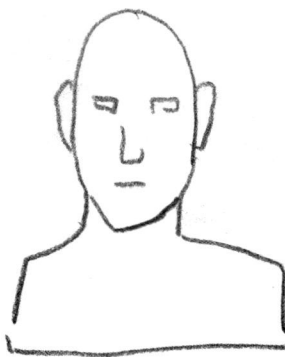

人是一部生化机器　更是一部语言机器

思维
语言
秩序
　　　　　　　　不可分离
　　　　　　　　共生共死

生化机器
语言机器

人的死亡是语言秩序
和生化身体双死亡

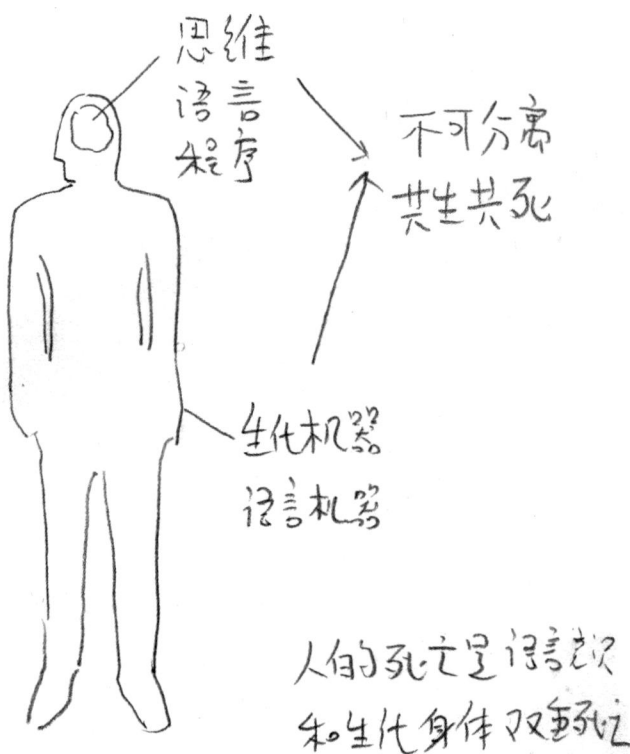

人工智能．语言秩序和语言机器
可分解．重组．可关机．可重启

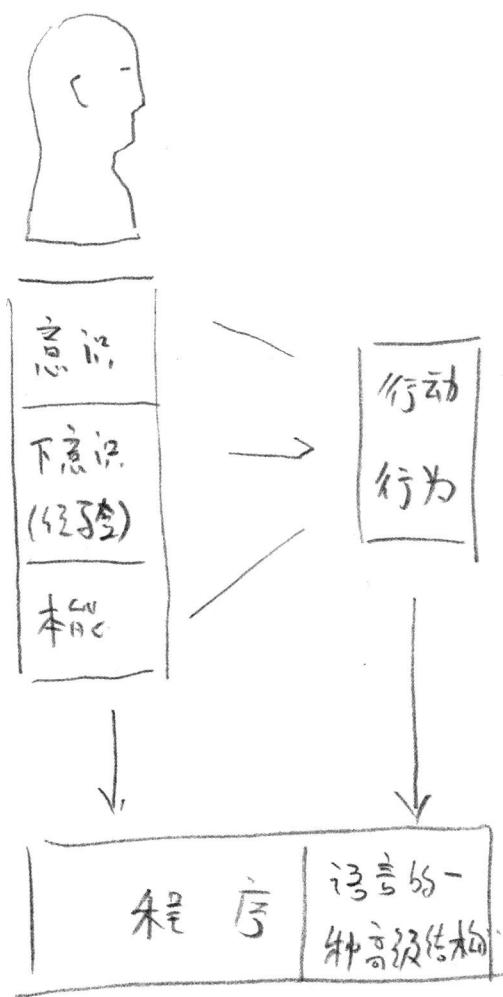

人类的思维和行动也是复杂的程序，程序是一种复杂的语言结构

$A_2B_3B_1$

$A_2B_3B_2$

B_3A_1

A_2B_3

强

选择机制

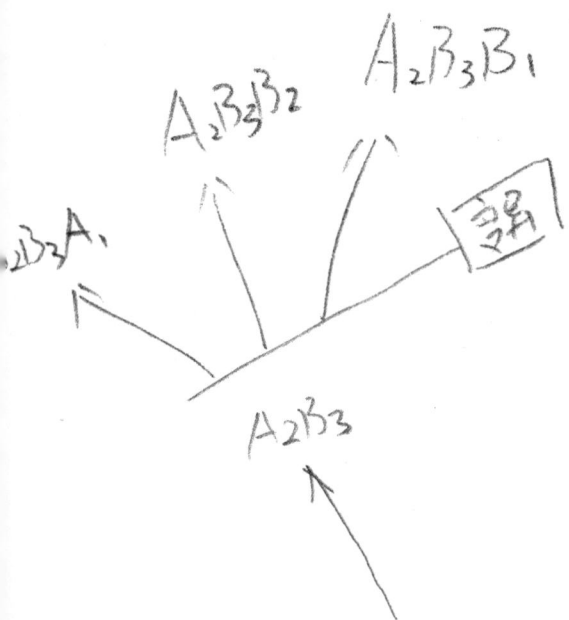

	人择
天	环境
	天敌
择	同性竞争
	性选择

A_1B_1	A_2B_2	A_3B_3
A_1B_2	A_2B_1	A_3B_1
A_1B_3	A_2B_3	A_3B_2

变异

A_1B_1 A_2B_2 A_3B_3

变异

A B

A为或体B为种群

进化的选择机制受很多因素影响

不同物种. 相似结构. 相同语义

不同环境下语义与结构具有相似性

抓据是手部的结构 和语义一
是一种手部的本能

手部的语义派生出的人工物，它们有手的形态结构和语义的投影

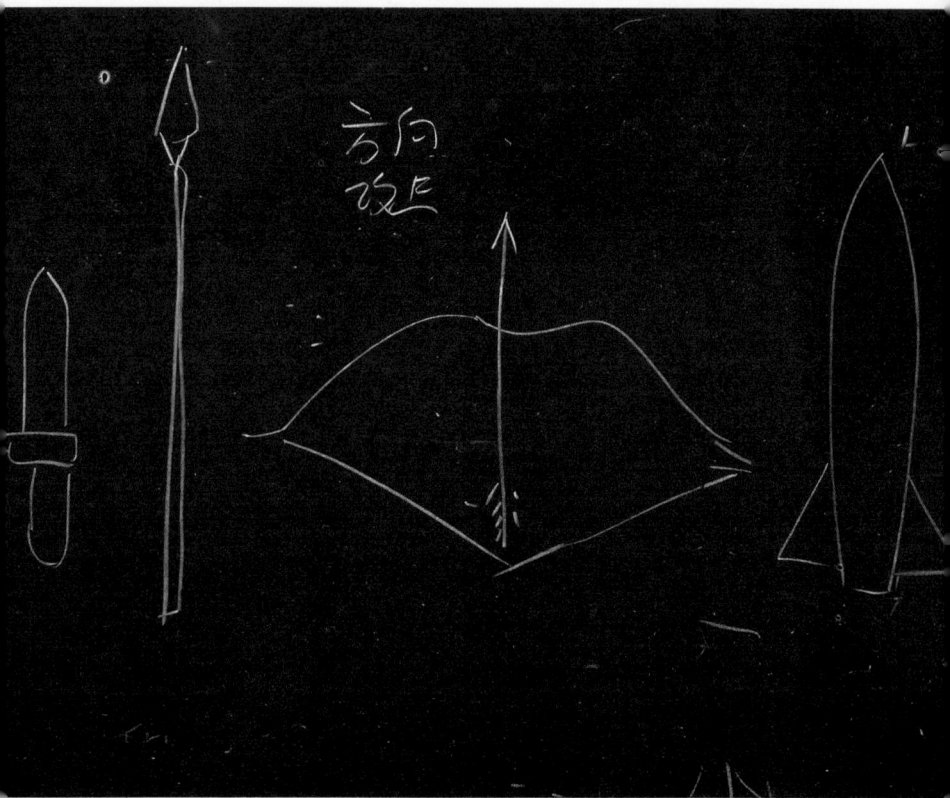

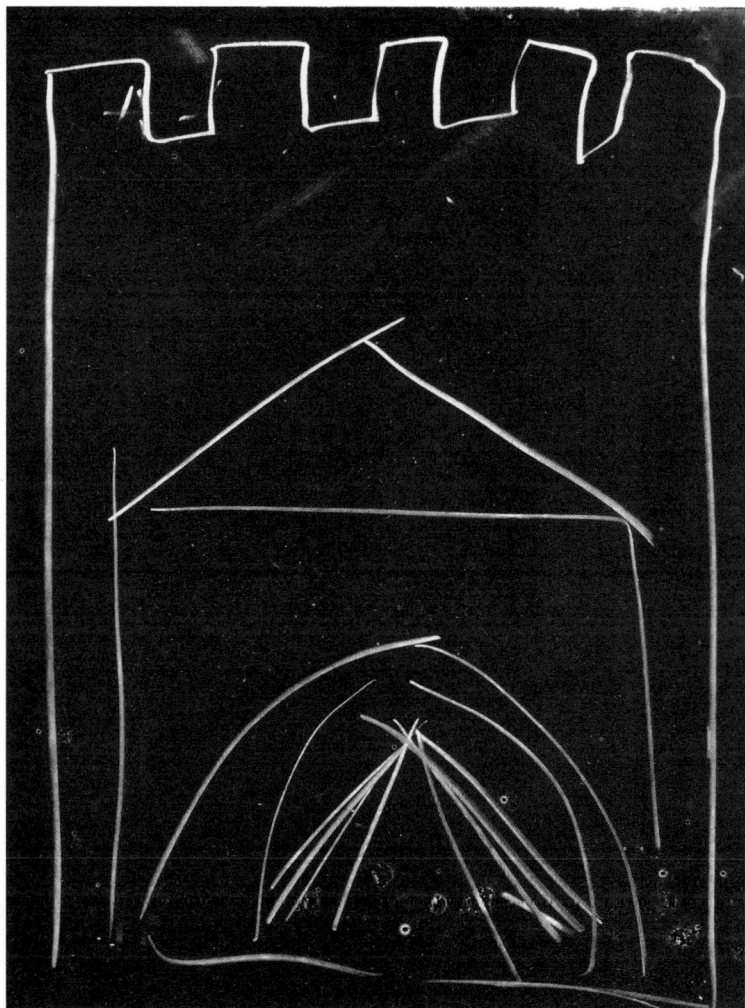

从木棚到帐篷到房子到城堡，建筑的形态和语义的演进

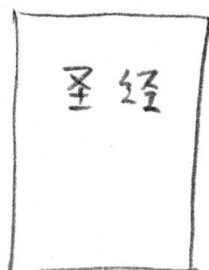

更重要？

← 物质化书写？

人工物是一种物质化的语义书写

A城   B城

 C

D

C 在 A城, 登上 E. 乘 E 抵达 B城, 见到 D

这是一个行为过程. 这是一个程序.

行动是一组程序. 行为是一组程序. 程序是语言描述

脸是最丰富的符号（形态）
有上万种表情（语义）

美国·纽约

一切都是语言

人工世界更是语言

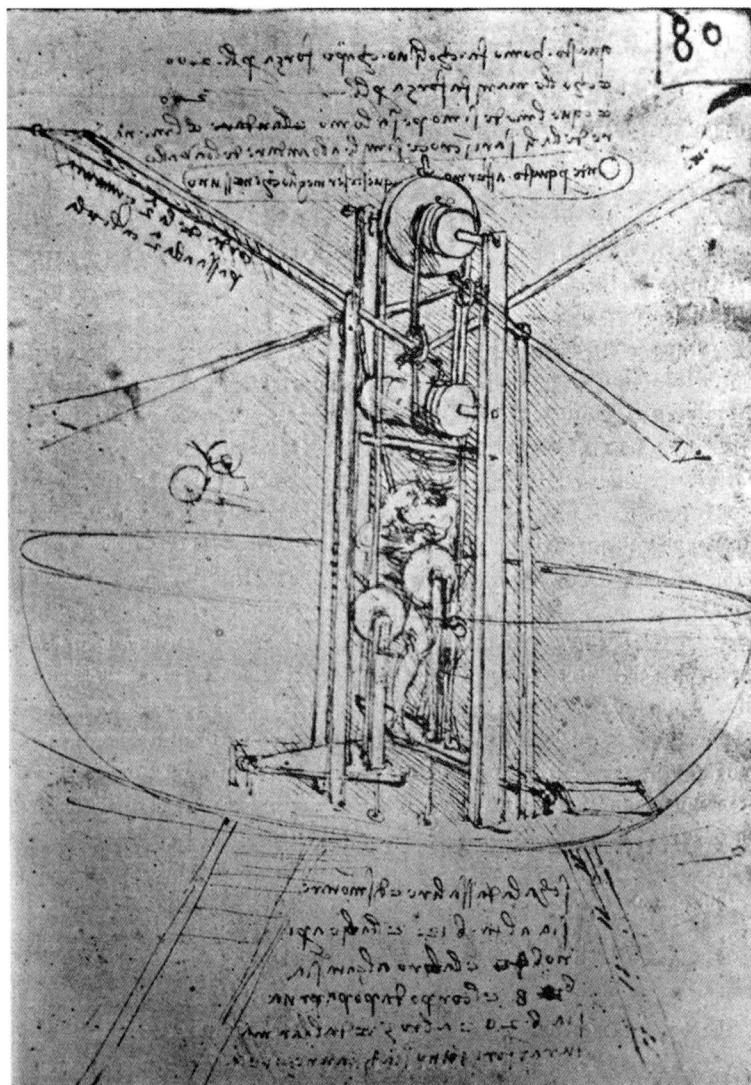

达芬奇设计绘制的飞行机器，约公元 1487 年

艺术是一种语言现象，艺术是一种语言叙述

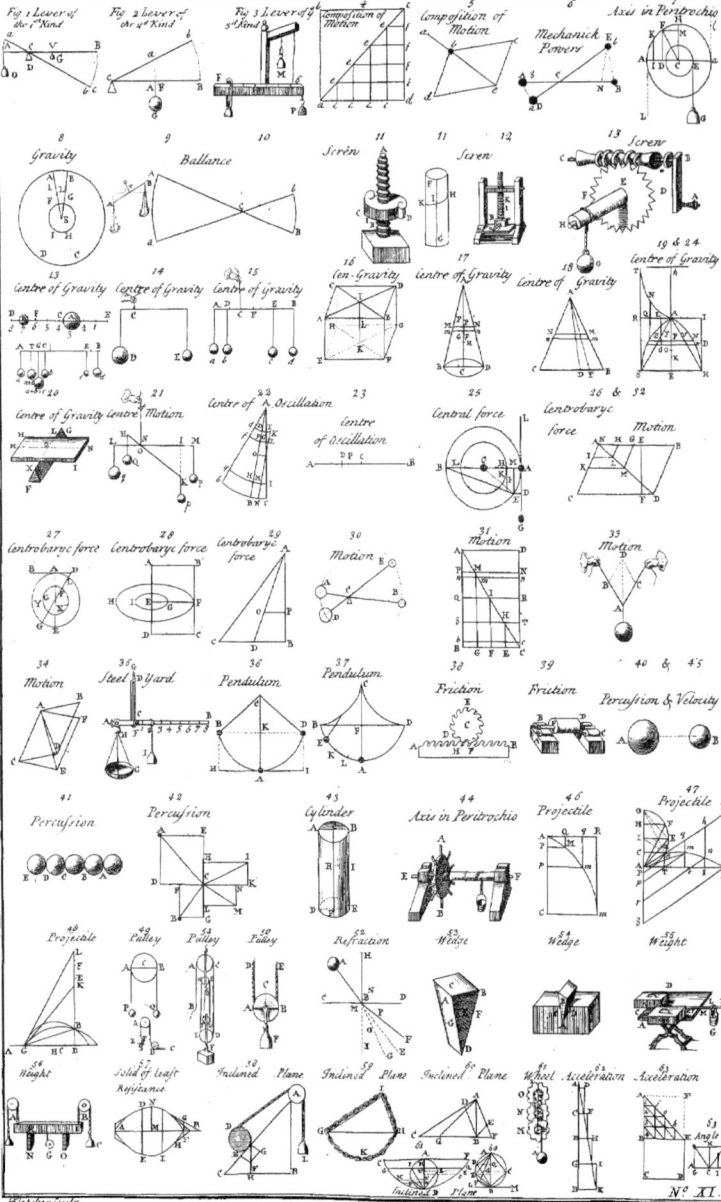

《钱伯斯百科全书》中简单机械的图表

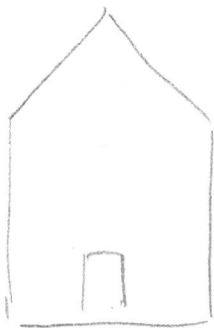

线框和符号语言

物质化语言

设计图纸

实物

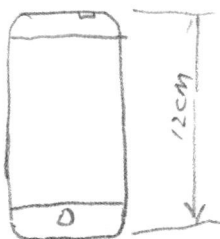

12cm

奋进号航天飞机的控制面板

世界由基础的物质能量构成

物质能量就是基础的物因

物质能量的属性携带其自身的基础语言、语义

我们可以以之为语因

我们以现象、场景、对象和符号以及它们的变量观察理解世界

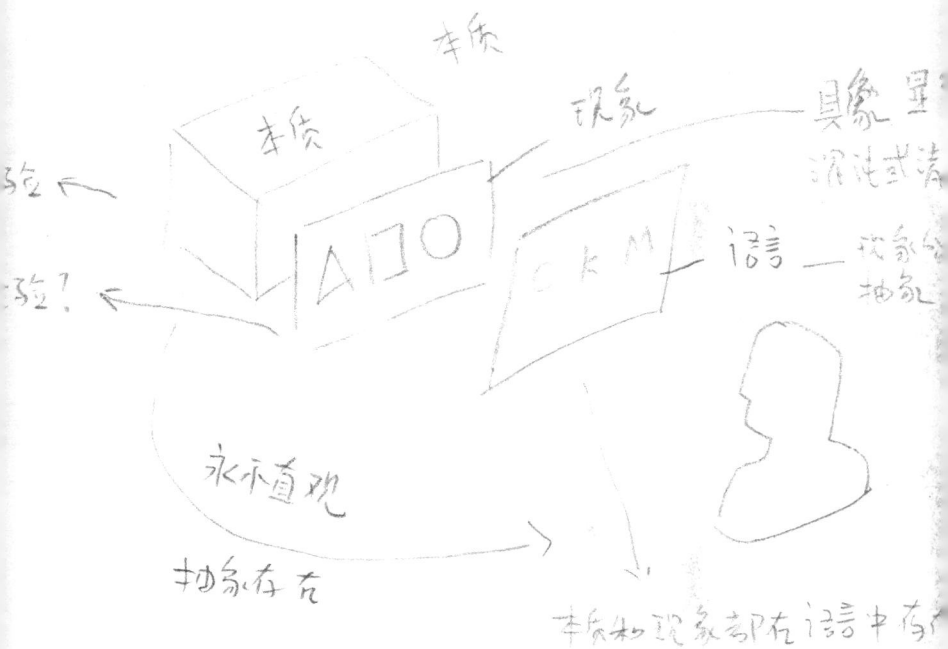

本质是永远打不开的黑盒子

我们观察现象并分析

分析以语言的方式进行

本质和现象都在语言中显像

本质、现象和语言三个体系才构成哲学和认识论的完整体系

A

B-A = X ? =

B

我们以现象的变量拆分现象，词语是现象的变量，是语言的最基础变量

$ 动物庄园 人 《易经》 1976 C=

汉语

WHO?

你 F=MA 1984

相对论 ！ 山水

人类对现象的解读伴随着语言的发展

人类一直在将发现的存在的现象进行符号化、语言化

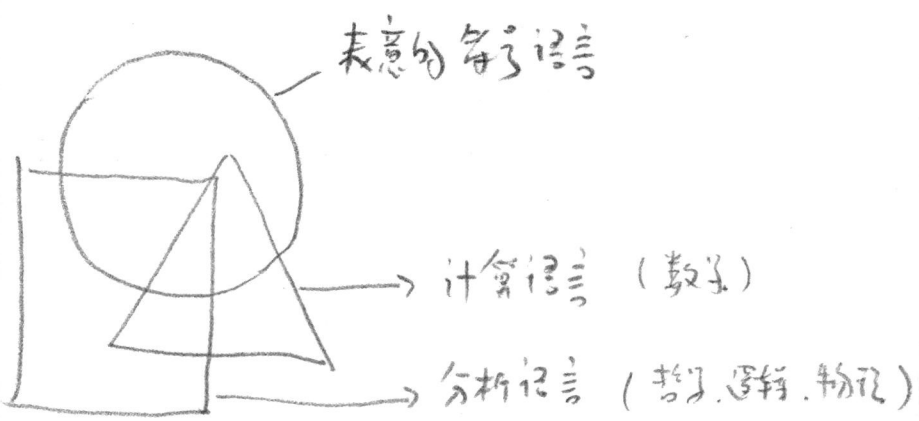

表意句备子语言

计算语言 （数字）

分析记言 （哲、逻辑、物化）

分析与计算是人类语言的两次重大的飞跃

実体数

剥离

7 虚代抽象的数义

1 2 3 4 5 6 7

计算象

＋ － × ÷ 计算（折叠层叠）

数学建立在对自然的实体计算的符号化、指代、折叠、层叠
并发展出计算的工具和方法

变量，数字，逻辑 和层叠 指代，逐层建构
以及相互间释，构成了语言，计算和智慧，
这依赖于存贮与计算。

0101011001 　　　二进制是最简单最基础的系

　　　　　　　　　二进制最容易实现 (用机电)

二进制的核心意义是"变量"、是最小的变量

一个二进制变量 信息量为 1 比特。

信息就是"变量"，语言更是"变量"

十进制 的一个变量大于二进制的信息量

二十六个英文字母作为作为变量，信息量更大。

一个 "变量体" 所具有可变属性的数量与可变的变量范围

决定了 "变量体" 的维度和深度。

层级结构，层叠 折叠，指代，是语言和计算的
核心 能力和优势

语言和语言机器

帕斯卡（B.Pascal） 公元 1674 年发明的第一台加减法计算机

宏观 宇宙

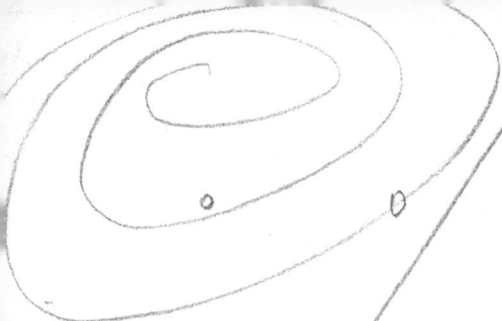

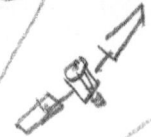

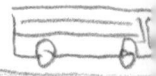

直接现象（感观）

能体会
呈现的现象

微观．

微生物

地质 地貌

可物．有机分[子]

分子

原子．

基本粒子

我们对世界认识过程的模型

世界存在物层和语言层的双重世界，也就是物因和语因
人类的自然科学是针对自然的物与语言所建立的人类语言模型

艺术、巫术、科学同源分化。

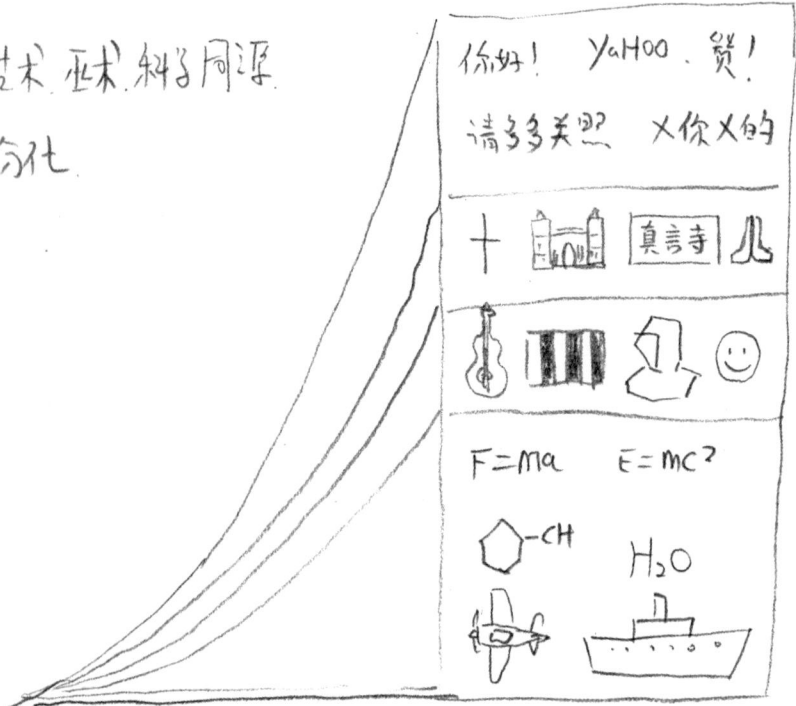

你好！ YaHOO、赞！

请多关照 X你X的

十 🏛️ 真言寺 儿

🎻 ▦ 🐦 🙂

$F=ma$ $E=mc^2$

⬡-CH H_2O

✈️ 🚢

生活羽信

宗教语

艺术语

科学理性

↑

科技化语言是人类
语言的核心和动力

安字 艺术
生活
科学

从艺术到机器. 从物质到法律. 从语言本身到自动控制
这一切的存在之间唯一的交集就是语言. 语言也是唯一
的会同线索. 人类的知识是一个对比着自己的解读
工具就是语言. 结果物是语言这不仅仅是某个若干门学科
学科之和. 是它们之间的关系. 是一个拼图.
就如同七块大陆之间的联系.

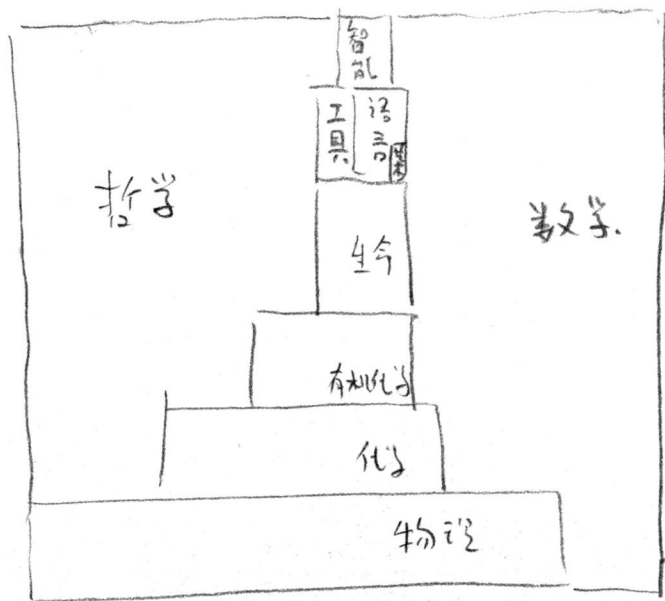

这一切都是语言

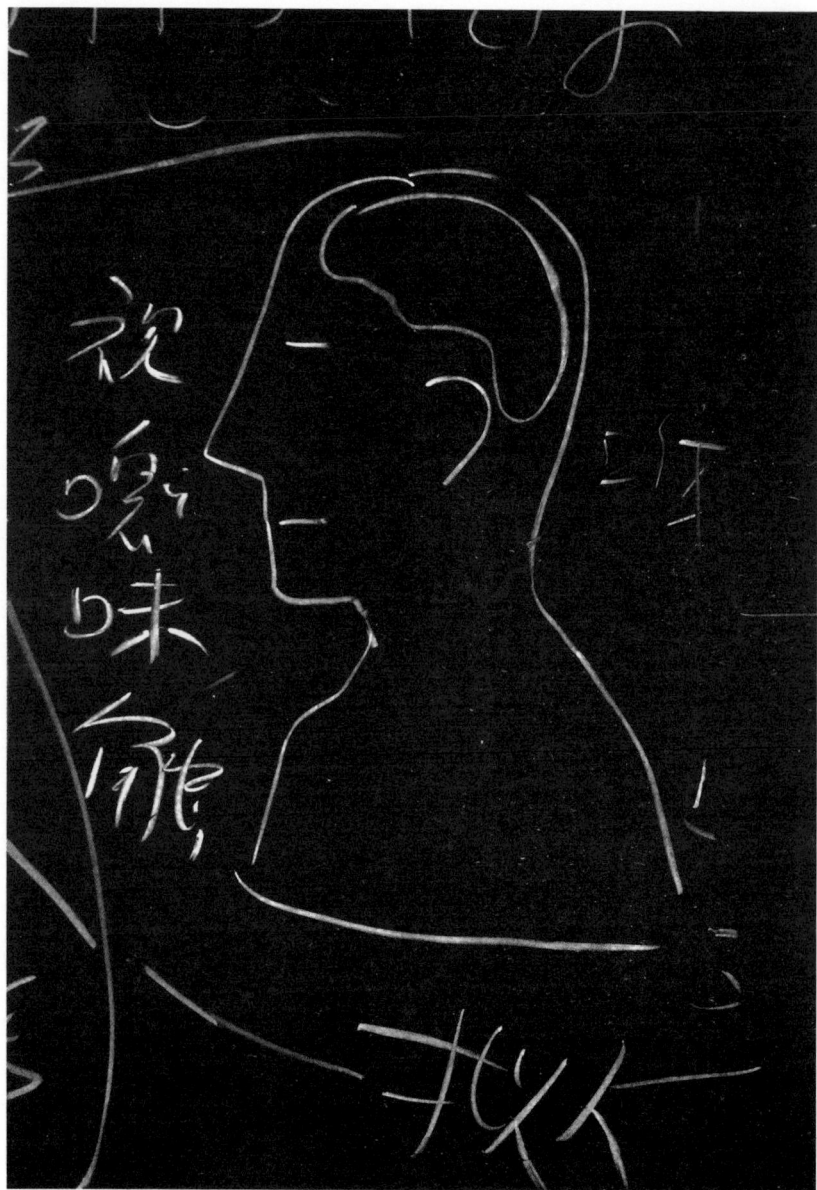

艺术语言的分化是建立在人的感官的分化之上的

语言依赖物质基础作为载体和媒体，以及作为计算的介质

 文字  声音  绘画

人类的语言离开身体
寄存于外部的物化的
载体上，艺术是一种植物
的语言。

语言高于载体

世界上第一台电子计算机　阿塔纳索夫－贝瑞计算机（Atanasoff–Berry Computer）

语言无法脱离载体

却可以更换扩充载体

载体

构成物世界

语言构成语言世界

正如计算机的软件和硬件

人. 文化. 语言. 社会. 科技

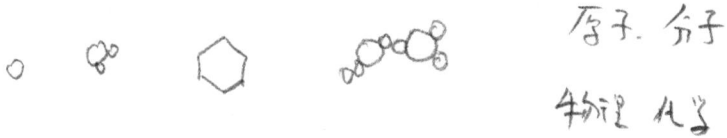

文字

地质. 地貌.
气候. 生物

原子. 分子.
物理. 化学

基本粒子.
基本物理法则

从语言关系和深度上进行的分层

语言是时间、空间坐标上的符号序列
语言在具有可变量的物质形态上栖息进化
程序和意识以及意志和智慧是语言高级的形式
语言在人工智能及其载体上获得主体

1997 年，IBM 深蓝（Deep Blue）击败加里·卡斯帕罗夫（Garry Kasparov），标志着计算机第一次在传统的比赛中击败了人类卫冕世界冠军，《大西洋月刊》新闻图片

二进制是最简单的语言，但易于实现

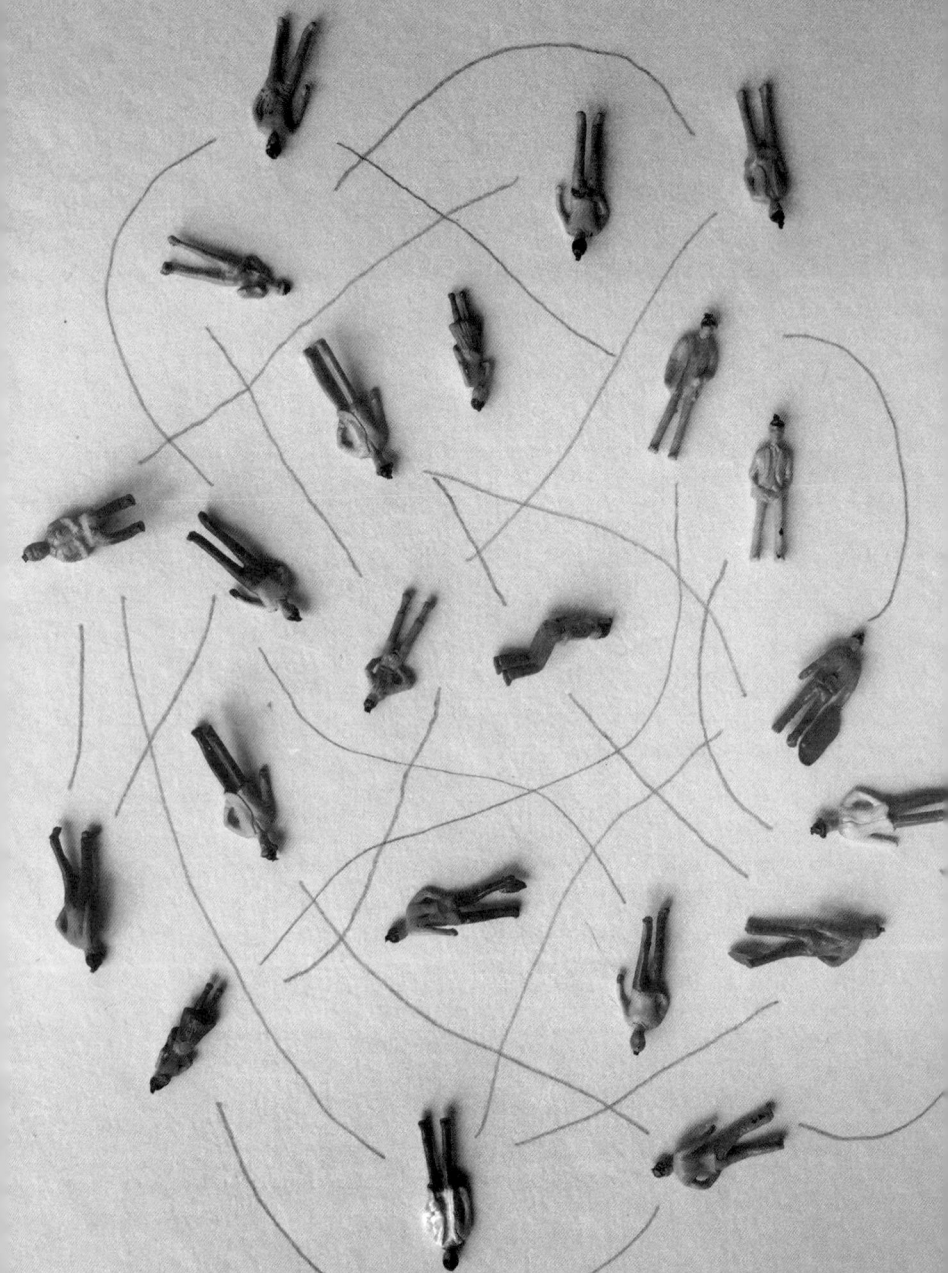

世界是网络的，语言是网络的

语言是我们的故乡，是我们的乐土，也是我们的庙堂

朔北之方　長路何往　世無英雄

佳人猶唱　我有春秋　對酒長歌

生如羔羊　死若虎狼　朔北之野

大河何往　世無良辰　相遇無期

我有春秋　四方洸茫　何不獨行

大野之央

诗，言之寺也

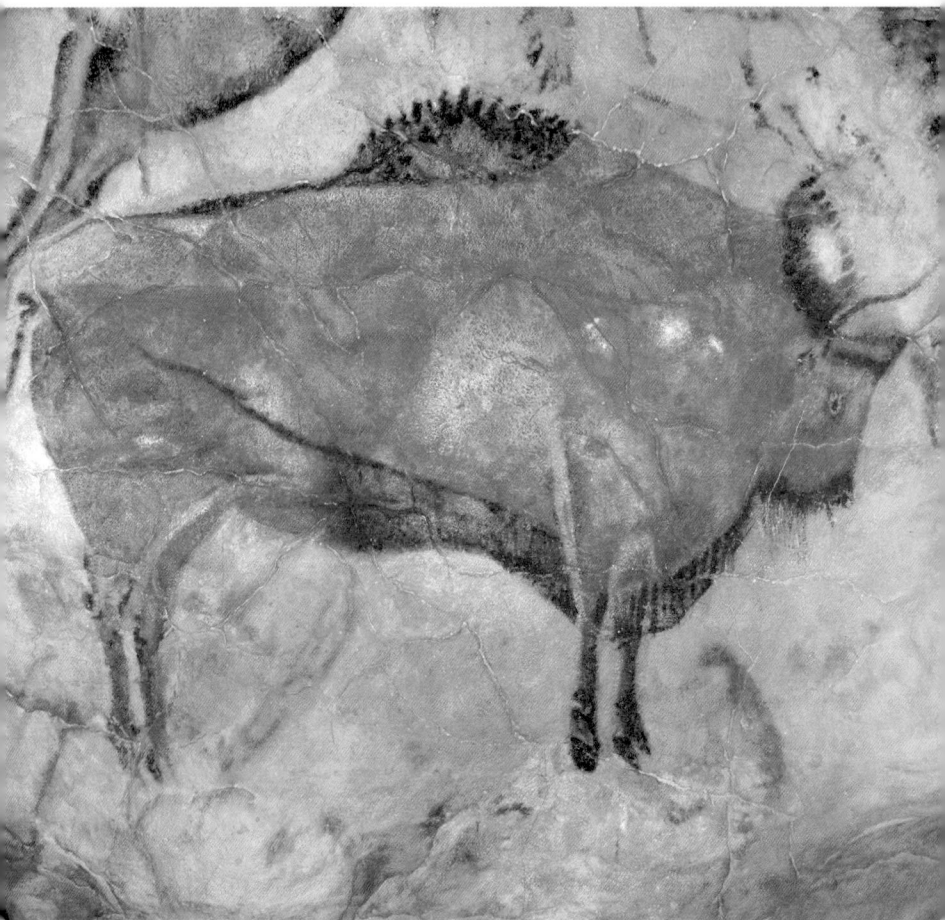

原始人类的洞穴壁画——西班牙阿尔塔米拉洞窟壁画，约公元前 15000 年—公元前 9000 年

人类的早期文字—楔形文字，约公元前 3000 年

人类的早期文字——埃及象形文字，约公元前 3000 年

中国的早期文字——甲骨文，约公元前 1400 年—公元前 1100 年

古埃及壁画

古埃及建筑——埃及的第一位女王哈特谢普苏特（公元前 1503 年—公元前 1482 年在位）的陵墓

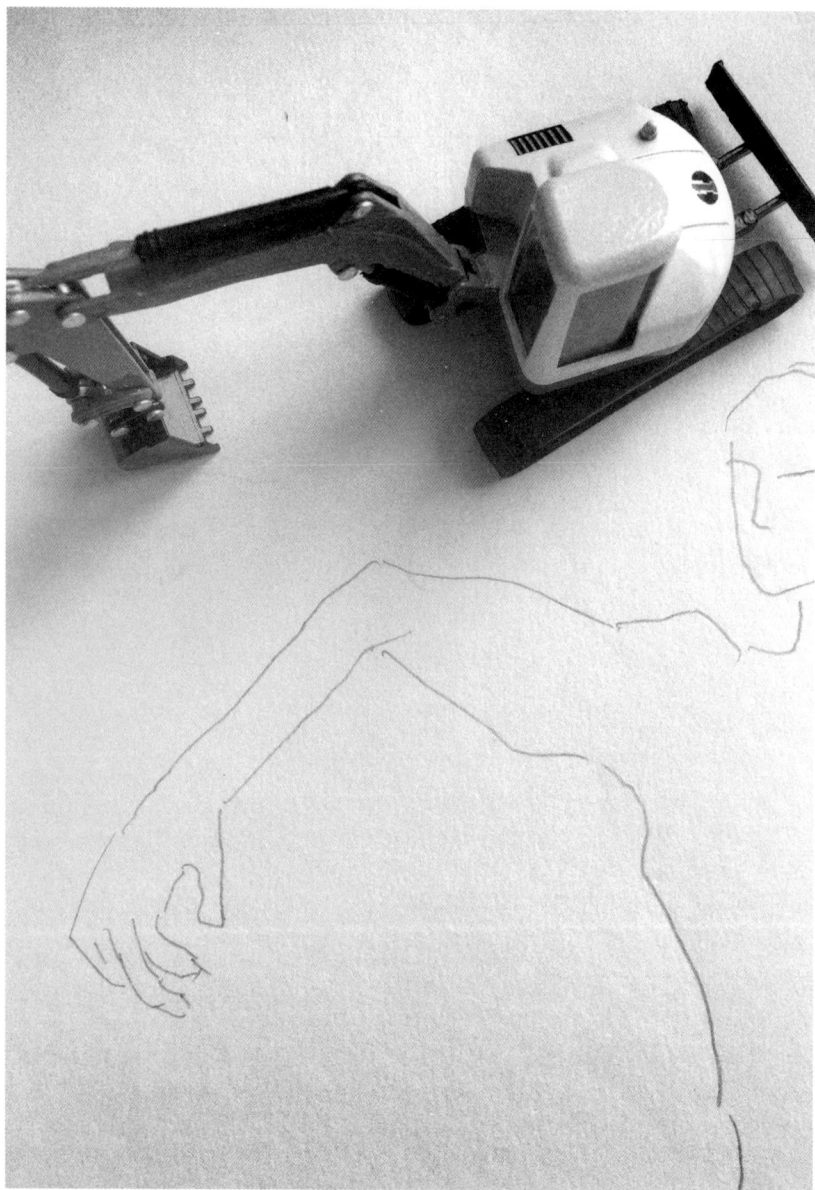

语言的世界，也是语义的世界

生命征服物质

2016 年 3 月 15 日，谷歌阿尔法围棋程序（AlphaGo）最终 4：1 战胜李世石

《国际财经时报》新闻图片

语言征服生命

自然语言皆为真，我们一直在解读

人工语言中有假，可以是谎言，也可以是艺术，或者是荒谬

人工智能和人工智人，是人类的语言学后代，是未来
它们接近于神，是超人，从泥土到上帝，语言一直在进化

人类是语言进化中最伟大的环节

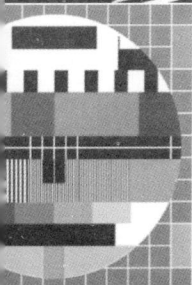

MASTERMINDS BEHIND THE ESCAPE
FROM FOX RIVER STATE PENITENTIARY
AND CRIMES AGAINST THE FEDERAL GOVERNMENT

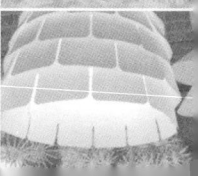

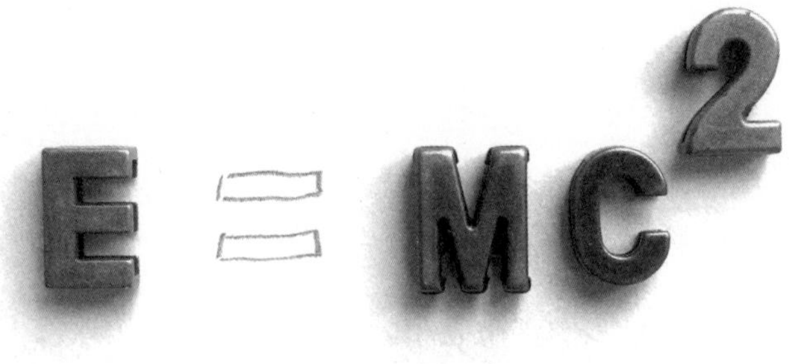
$E = MC^2$

GOD
IS
LANGUAGE

语言最大

要的领域。甚至更残酷。这种驯化的施暴者也从奴隶时代的具体的个体发

的体制性文化性经济性驯化，清晰的施暴者的主体匿名消隐在一个朦胧的混

甚至被驯化与驯化者已经没有清晰的界限，他们中的一部分具有驯化与被

这种驯化也就更模糊更难于察　　　　以斯德哥尔摩综合征和虐恋情结，被

充治者产生感情。这一点在斯　　　　征上反应出人性的脆弱，也就是

之下，控制者施与的小恩惠会　　　　也曾深刻的描述了那种根深蒂固

甚至应该被看做人类内在的一　　　　驯化和习得，甚至可以成为一

从不放过这样的机会。

剥削和不平等，困扰了　　　　　　　　和剥夺的维系，就是统治，

到宗教文化统治到政　　　　　　　　信息统治甚至到美学的统

的演化的进程，伴随着人类　　　　　　和艺术的发展和社会的组织

相促进互相影响的一个系

是说，从奴隶制建立开始，　　　　　　化，这种不平等和剥削甚至

迫害，随着人类自身的觉醒　　　　　　化中变得越来越温和但却越

，整体性的失去了自由，尽管　　　　　　资本主义市场经济制度等

演进，人类越来越多的重新　　　　　　自由的一部分，但是，人类

人类的痛苦，依然是人类的　　　　　　去的疼和屈辱。

的是我们的世界和社会在　　　　　　向发展。人权的被认可，民主

正在不断地从自身和自身　　　　　　。但是，驯化却变得更为温

复杂。甚至，人类几乎整　　　　　　代和制度机器，甚至统治者

逃避成为局部的被驯化者

遍的世俗性的暴力消退，政　　　　　　，宗教日渐衰弱的情况下，

市场经济成为最强大的和最广　　　　　会形态，暴力政治统治逐步被更释放

和更自由的市场经济和货币统治　　　货币这一人类创建的虚拟性的信用

权力与信仰的高度，并贯穿于现　　　生活和生命周期。以货币为核心的新

化，使人成为经济动物，经济工　　　成为消费者也成为商品。成为商品的人，

和道德的危机是空前的和悲哀的　　　新的信息技术的发展和信息时代的确立，

和遮蔽和信息的爆炸性轰炸，形成　　新的信息统治，人们被货币和信息强权

的信息所奴役与控制。

新的悲剧。而当货币被相关的利益人　　者集团所操控，信息为少数人所发布

造的时候，这就不仅仅是悲剧的新的　　，而是新的野蛮和愚昧，新的暴虐，

的野蛮的历史的新的部分，尽管在这　　时期，人类已经看到了自由的善意的

界的曙光。尽管从技术层面和社会组织层面上以及伦理道德法制和美学上，

由的世界已经不再那么遥不可及。

语言是世界的本质，语言是世界的本能

世界是物质的，更是语言的

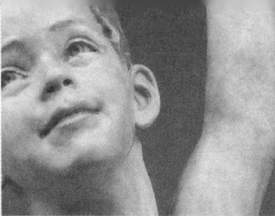

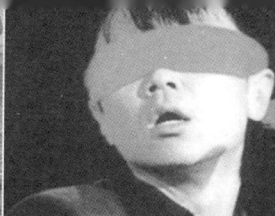

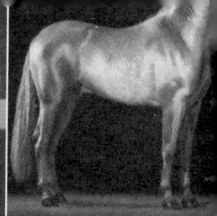

再见，恐猿

在某些角度看，我们是一种自称"人"的恐怖的超级猿类

人工智能的时代开启，意味着一种新的非自然生物的文明类型

一起见证并相见于下一个时代

后

记

这是一本哲学书。也是一本科学书。

世界如此丰富、繁杂，甚至混乱。我们也会迷茫困惑，甚至也不够理解自己。

思想和科学，就正是人们理解世界，理解自身的探索活动。我们可以用身体探索大陆，用航行探索海洋，用精密的设备探索外太空和海底，甚至是原子内部。但是我们只能用思想探索不能抵达的地方。或者说每一种化学元素都是惊人的发现，而揭示了这些化学元素之间的周期性、家族性、相似性关系的化学元素周期表，却是一种更抽象也更震撼的对化学本质的发现和认识。

进化论也是如此。无数人们熟悉的物种，它们之间的关系和演化规律被达尔文发现，这些发现帮助达尔文构建了对生物和生命的整体认识和它们之间的关系和进化的路径，以及演化中的法则与机制，揭示了从细菌到智人的进化奇迹。并且，进化论也成为一种研究很多系统演进的基本思维方法和基础理论。

语言学研究的开端应该是符形和符意的结构被提出之时。这个简单的发现和模型，打开了语言研究的大门。

而信息论是另一个重大的发现和理论。

至于哲学曾经关注的本质与现象，存在与意义，也依然是人们深思和研究的课题。

当然，帮助我们认识这一切的，还包括探究物质本质的物理和化学。

我们的知识已经如此丰富，但还是有很多问题值得我们去思考，不同科学之间的联系是什么？这个世界和无数的知识如何统一在一起？除了物理、化学意义和生物意义之外，人类还有什么别的意义？

本书正是试图从上述的线索出发，用语言学构建一个统一的认识和理论，理解世界的语言本质，和其语言本能。

霍金（Stephen William Hawking）试图用物理解释一切的时候，我认为那恰恰只是世界的基础，正如建造建筑的材料和工具，而建筑本身的形式别有意义。在物理的世界之上，存在着一个语言和语言层的建构。正如计算机的全部构成和运行都是物理活动，而运行其间的程序和数据却是另一种事物，甚至是完全可以独立出来的另一种事物。计算机我们习惯称之为硬件，而程序我们称之为软件。当人们能够理解软件和硬件的关系的时候，世界恰恰具有类似的构成与区别，也就是语言和物态。

霍金（Stephen William Hawking）试图阐明的那个世界类似于硬件的物态拆分，而本书构建的广义语言论则试图揭示世界的基础物理或硬件之上的规律和软件。

有趣的是那个软件不仅仅是软件，它是一个自动的不断进化的系统，是和硬件一起协同进化的系统，它的进化建立在基础的物理法则和化学法则以及进化法则的基础之上。在此基础上，我们似乎也因此理解了生命的语言学原理和语言本质。

在梳理了语言的进化和它的不同阶段以及趋势之后，我们似乎忽然理解了世界的整体性和网络性，理解了人，理解了世界的意义。甚至，我们还更加理解未来的人工智人。世界忽然被一个理论系统有机地联系起来，它们是一个如此微妙的庞大的系统，世界就像一台基于在线的可编程的逻辑处理器而不断自我进化的计算机系统，它的硬件和软件都在演化进化。而软件，也就是语言，它的演化进程和结果如此神奇，它才是意义的载体和意义本身。

之前的一些学说认为进化没有特定方向，而这本书可以揭示进化的趋势和方向就是更加复杂的语言表达和基于此的更高的智能，在世界的进化进程中，语言越来越重要甚至超过硬件的载体。语言从微不足道的附属属性进化发展成为人类文明，甚至是未来的人工智能和人工智人。

哲学在两千多年的发展中帮我们注意到很多问题，也寻找了很多答案。甚至，哲学还分化出了很多科学学科。正如进化是一个过程，进化本身也存在缺陷，哲学和科学也有很多类似于我们的缺陷。哲学中的本质论，意志论，现象学，存在论，结构主义等学术和观念，在更为系统的语言论中都有着其存在的基础。很多观点如同盲人摸象，因此我们在不断地细分学科。但当我们提出更多的主义和学术观点的时候，适时的统一知识和认识也就变得必然和必要。我想，这个广义的语言论，初步弥合了哲学中很多学术路线之间的鸿沟。并且也从侧面触及了认识论和认识发展的线路。

这是一种惊喜，或许我的判断过于乐观，但是我认为这些发现改变了我们对于世界和生命以及文明的看法。这种发现就如同门捷列夫（Дмитрий Иванович Менделеев）发现元素周期表。

科学是一种发现，那里面有一些偶然。更多的时候，我面对这本书，是一种惶恐，世界真如本书分析的那样吗？我经常需要反复斟酌，但当我再一次确认自己的分析，并且没有发现太多的漏洞和逻辑问题时，我才会暂时感到安心。进化论和化学元素周期表，那样的发现是伟大的，甚至在系统论、控制论、信息论之后，我个人曾经以为很难再有系统性的理论新发现。因此，这本书的思考和书写，让我兴奋，也让我惶恐，我在不断地自我怀疑和兴奋中进行。

　　或许，这也是一种幸运。这种幸运仅仅是因为我有理工科的基础，并且一直在跟踪理工科的学术进展，同时，我也是一个诗人和艺术家。还有最为重要的是，在博士阶段我用语言学的方法和思路研究建筑，并且完成了我的博士论文。这些跨越多学科的学术和语言经验，以及本身对于符号学、语言学的研究，给了我一个机会，去思考多个学科之间的联系，而线索恰恰是语言学。

　　我想，我认真做了。

　　但因为需要深入研究的学科太多，我的工作只是完成了最核心的系统理论建构，而更多的工作需要更多的人来参与。

　　感谢我对诗歌天生的热爱，那样的语言敏感和直觉，促成了我对语言学巨大的兴趣，并确立了我用语言为线索研究世界的路线。作为一个工科博士，我更认同自己诗人的身份。语言中藏着巨大的秘密。维特根斯坦（Ludwig Josef Johann Wittgenstein）所完成的哲学的语言学转向，以及海德格尔（Martin Heidegger）、福柯（Michel Foucault）、波德里亚（Jean Baudrillard）他们的学说，都在一定程度上影响了我，他们是语言研究道路上的一个个路标，经过他们的指引，后人才可以走得更远，成为新的路标。

　　这种跨越了理工、艺术、文学、哲学的混乱的知识背景，让我比他人拥有更多的困扰，同样，也拥有更多一些审视问题的角度。我试图整合它们，我相信知识是一棵树，就像进化树一样，它们有着关联和演化路径。这使我不能很快成为一个领域的专家，因为我时常顾此失彼，在很多学科和领域中沉浮和迷失。

我用了五年的时间学习、思考和研究这些问题。幸运的是我最终坚持了语言学的路线和方向。因为我希望将语言从经验之学变成科学。希望将语言和认识论甚至和智能之间的关系梳理清楚。我想，直到这本书正式出版的时候，我才能真正地从这次学术冒险或者探险中解脱出来。这本书出版之后，我最想要的是什么都不想，我需要没有学术的生活一段时间，感受生活的美和世界的丰富。

其实还想要告诉大家的是，我试图用语言学拉通哲学、科学和艺术以及神学。我想，这本书正在试图建立一种新的世界观。我在写作中理解到了这本书的意义。

我还想在这里强调的一点是关于主体。我们曾经以为我们是核心的主体。至少在人类的时代如此。就语言学而言，世界充满主体，主体层层建构，个体的主体，群体化的主体和主体化的群体，它们彼此充满了对话和博弈。它们互为客体。主体之间的对话和传播特质，甚至构建了寄生于主体间的传说神话和概念。人类的语言试图为它们构建模型，为世界构建模型。人类的语言漏洞百出。巫术、骗局和荒谬层出不穷，人类的语言并不完美。

本书试图简洁清晰地从哲学和科学层面构建一个理论系统。因此，现实中的社会学层面的语言研究，将在以后进行书写。虽然很多现实中的语言问题和类似于语言社会学、语言政治学的概念和前期研究已经形成，但我仍希望可以在以后另行出版，或者合并进这本书的后期版本。这本书的第一版正如开始所强调的，我希望是一本哲学书和科学书。

世界如此丰富。

正如爱因斯坦所说，"这个世界上最难理解的就是我们居然能够理解这些"。

　　无数人为之付出时间、精力甚至耗尽毕生。能够研究这个问题，我深感幸运。在这个研究中，我得到了父母的全力支持。感谢他们的付出和理解。在这本书的研究中，我敬爱的前辈学者王仲生老师，给予我很多帮助和意见。他几乎和我探讨了所有我研究的问题。这个研究过程也得到了我的好朋友，正在攻读博士学位的张研的协助。我的这个研究，还得到了我的博士阶段的导师贾平凹老师的肯定和鼓励。

　　感谢关心过这本书的我的朋友。

　　我赶在我四十岁生日之前完成这本书的初稿。我希望我以一个年轻人的身份完成。

　　也感谢每一位读者的关注。

史雷鸣　于西安

2016 年 10 月 6 日星期四